生平憶述

龍套春秋

黨醒然 口述　　李麗申 撰寫

■作者夫婦合影。

■1953年，敘述者在八十軍時與杭特（Sydney B.Hunter）顧問合影。

■民國四十四（1955）年與美軍顧問合影。後排左二為本書作者。

目　次

前言：趕場跑龍套

　　人生都是一台戲，有人因為生對了時辰；有人因為會演戲；有人因為本領高強；有人因為臉上的粉墨夠厚，四種條件中只要具有其一，走到哪，都有扮演帝、王、將、相、公子、佳人的好角色。你若生不逢時，或是臉上的油彩太薄，或是生來低能，又或根本不會演戲，也只能跑跑龍套打混日子了。

　　只要不是獨腳戲，龍套角色少不了，一台大戲，沒有龍套人物出場鋪排搖旗，公子、佳人怎麼登場？帝、王、將、相、如何下場？

　　看官、觀眾、讀者諸君，請先別說搬演龍套者都沒有精彩的戲路，沒有戲路，也得有幾套套路，要不怎麼能夠趕了一場又一場？個人這一生僅僅跑了兩齣小龍套，就沒戲可演了。人生的確是匆匆苦短啊！

一、「白色恐怖」跑半套

（追述杜麟文「匪諜案」冤受株連的際遇）

此文緣起

中華民國八十五年（1996）十月二十日，美國世界日報台灣新聞版報導，由前立委林正杰、監委王清峰、李伸一等諸位先生，先後所負責調查的台灣五十年代白色恐怖「匪諜案」，發現案件數量相當龐大，且因年代久遠，有些史實已遭湮沒，令人至為關切等語，本人詳閱該報導所述，似未包括我個人所遭受株連的「杜麟文匪諜案」。

縱觀歷史，每一個朝代，似乎多多少少，都發生過令人扼腕的冤、假、錯案，我們這個時代，自然也勢所難免。從內戰到兩岸分裂，無論是國民黨，或是共產黨，兩邊的人馬，只要被戴上異黨的帽子，此人即使不死，也會被剝去一層皮。不瞞大家，在那種時代，連我的這個姓氏都很敏感，現在如果有人問我，「請問先

生貴姓？」我也許會開玩笑的說，「敝姓黨，共產黨的黨。」但在台灣戒嚴時期，如果敢開這種玩笑，恐怕會惹禍上身。等到時代過去，當權派式微，受冤當事人壽命夠長的話，或許獲得平反，否則，不成白骨，也是冤魂。

杜麟文「匪諜案」發生在民國三十九年四月，株連人數約有三四十人，當時，被波及的人，沒有人知道自己所犯何罪？又為何有人會走上死亡之路？誰會願意無故受冤？因此，數十年來，我鍥而不捨，不斷深入瞭解，雖然不能挽回什麼，但，終於有所發現。

我的背景

在敘述事件經過之前，先要說說我自己的個人背景。

我的祖籍，河南省，新安縣。民國三十四年七月在四川江津縣杜市電訓班結業，當時年齡二十一歲。電訓班學習科目主要在無線電的機務與報務，我的興趣在機務。結業時全體加入國民黨。結業後派任軍統局（保密局前身）第二總台機務員。

民國三十七年十二月跟隨政府來台，任職保密局（國防部軍情局前身）。民國三十八年三月轉業警界，名額在省警務處警察電訊管理所，職銜是無線電技士，借調刑警總隊電氣組。我的工作都是與電有關，電台的機務與報務原是本行。

　　當時刑警總隊總隊長是劉戈青，副總隊長是余鑑聲，刑警總隊大多數的人員都有保密局的背景。刑警，刑警，主要的工作就是辦案與抓人。

　　那時候，台北發生一件轟動全台灣的張白帆與陳素卿情殺案，我也是專案小組人員之一，我負責錄音工作，專案小組人員的名字，免不了要上報章雜誌，小組行蹤要被媒體追逐。

　　也許那時我還年輕，精力很充沛，下了班還有時間讀讀ＡＢＣＤ，刑警總隊內部的員工，也都很有學習的精神，有幾位同事跟我一起唸英文，人數漸漸的增多，變成工餘語文輔導班，由我輔導英文，吳金環女士教日文，每週各上兩次課，學員不繳學費，總隊部津貼我與吳女士每人新台幣六十元。

　　刑警總隊本來有個伙食團，突然有一天宣告斷炊，

大家沒有飯吃。王協五兄同我是室友，也是好同事好朋友，夜裡談起伙食團的事，很感慨，我們兩個自告奮勇把伙食團扛起來，並且立了一個團伙規約，貼在佈告欄上，立刻有五十多位同事簽名加入，我們不敢說把伙食團辦得如何好，至少人家到時候有飯吃。這件事本來就是很燙手的，做了五個月都沒有人敢接。

差不多就在同時，我的一些朋友，在士林國小內設了個夜間補習班，全名叫做「教育廳立案私立崇光補習班」，補習班的牌牌還是于右老的墨寶，成立有一年多，主要在傳授失學青少年的國英數課程，我也負責部份英文的課。

除此之外，我與杜市電訓班的同學以及幾位好朋友，大家集資（少部份向土地銀行貸款），在陽明山永福段（後改為仰德大道），購買約半甲土地，準備將來經營小農場，或是補習班升格為私立中學的用地，土地由我及吳姓朋友具名，委請附近一位農民曹天義老先生幫忙照顧。我的活動範圍主要都在這三個場所，幾個年輕人，兢兢業業，設校是可以預期的。

抓人的被抓了

　　我的生活很單純，白天在刑警總隊上班，每星期有四個晚上要在總隊部和補習班教英文，這樣的日子過了一年多。天有不測風雲，三十九年四月十九日，晚間，我從外面回到總隊部，王區隊長遞給我一張字條，他說，「老黨，請你看一看這個。」我一看，是余鑑聲副總隊長下的手令，手令內容是「電氣組黨醒然一名，著即扣押，並檢查書籍及來往信件。」我說，「我要去見余副總。」王區隊長也在我英語輔導班聽課，彼此都很客氣，他說「余副總正在會客，現在不方便。」他堅持，他必須依照余副總的手令，把我請進總隊部拘留所。拘留所就在電氣組樓下。想著在拘留所裡面一定很無聊，我對王區隊長說要去宿舍拿書，他陪我去拿書。我的書無非是幾本英文工具書，羅家倫的「新人生觀」，三民主義等等，匆忙間我抓了一本英文本三民主義，這時，看到我的同事全涵冰躺在床上，準備要睡，尚未關燈，我說，「老全，我被關起來啦！」老全嚇

一跳，從床上坐起來，他問，「怎麼回事？什麼事？」我是一臉的茫然，他又問王區隊長，王區隊長搖頭說不知道。之後，我把舖蓋捲好，王區隊長幫我拿蚊帳及盥洗用具，兩人一起走到拘留所。時間是晚上十一點鐘，拘留所燈光很亮，漆著藍色油漆的鐵欄杆和檜木地板，在燈光照耀下，發出冷冷的亮光。夜班管理員打開一間小牢房讓我進去，王區隊長走了，我也很疲倦，攤開舖蓋，什麼都不想，一覺睡到大天亮。第二天，做做運動，看看書，有人送飯來，也是一口氣吃吃光。心裡捉摸著，這才真正的叫做休息。

忠貞的國民黨黨員被打成共產黨

在我被羈押的前兩天，發生一件事，拘留所的工作人員交給我一張字條，是杜麟文親手寫的，他說，「醒然兄，我受惡人中傷，在此吃了官司，請你借我一條洗臉用的毛巾。」我把毛巾交給來人，送去給杜麟文。當時沒有去想杜麟文吃了什麼官司，自然也沒有機會見到他。兩天之後，我自己也進去了，還是沒有機會見到杜麟文。

杜麟文是盧清會介紹我認識的，只見過一次面，見面那天，還有別的朋友在，我和杜麟文只互相說了一聲「你好。」沒有交談。盧清會跟我是四川杜市電訓班的同學，杜麟文是從盧清會那裏知道我在刑警總隊工作，我也從盧清會那裏聽說過他和杜麟文兩人準備成立「反共抗俄動員委員會」，這是我與杜麟文僅有的一點點關係，沒有其他更多的聯想。

　　我羈押在拘留所的第二天晚上，保密局派趙文蔚先生來問話，問我有沒有參加什麼共產黨的組織？我說沒有，他就說我不夠坦白。我說「沒有參加就是沒有參加，要我如何坦白。」我頭一次知道原來我被羈押的原因是因為有共產黨的嫌疑。趙先生問不出什麼，就走了。

　　第七天上午十點鐘，副總隊長余鑑聲派人帶我去他辦公室，他是我的長官，他問：

　　「老弟，你參加過什麼共產黨的組織？」

　　「沒有。」

　　「一個叫杜麟文的是大陸共產黨華東區派來的，專門吸收技術人員，你也是他想吸收的其中之一，你知道嗎？」

「不知道。杜麟文是我同學的朋友，我跟他只見過一次面，沒有說過話，我不知道他的來歷，也不知道他有什麼組織。」

　　余副總很同情，但他愛莫能助，他說：

　　「這件事總隊長很傷腦筋，上頭還在調查，老弟，你先暫時委屈了，等案情水落石出，再回來，我們需要你，你在拘留所裡面，也替我們總隊部做一點工作吧。」

　　在工作上，我們是同類的人，當然聽得懂，他指的「工作」是什麼「工作」。

　　有什麼辦法，這種時代被扣上這麼難堪的帽子，就算有人想來探問，也被隔離了，誰叫我自己是技術人員呢？

　　又過一天，我看到有人把杜麟文從拘留所帶出去，不久又帶回來，他跟我打招呼，我己經知道事情是他引來的，不能探問，也沒有關在一起，這可以勉勉強強的算做我和杜麟文又見過一次面，還是沒有交談。

押解保安處

我在刑警總隊拘留所羈押了兩個星期，事情沒有轉機，就要押解去保安司令部的保安處。外面等著我的是一輛黑色中型吉普車，過去我和長官同事們出去辦案子，用的也是這一輛車子，只是，我的角色已經從刑警變成了囚犯，內心裡百感交集。

押解我的是齊玉輝和劉保臣兩位仁兄，他們是我的同事，也是在我英文輔導班聽課的學員，齊玉輝為人正直，也很熱心，看到我和協五兄為伙食團辛苦了五個多月之後，他和劉保臣接手去辦，苦撐了兩個月，伙食團還是散伙了。也因為伙食團的難弄，齊玉輝對我和協五兄都懷著幾分敬意。吉普車一開動，齊玉輝就問，「黨先生，今天來送你去保安處，這個任務是我特別向上級請求的，我非常想知道為什麼這種事會發生在你身上？」我說，「我也不知道，副總隊長叫我去問話，問我有沒有參加共產黨組織？弄得我一頭霧水，莫名其妙……」他說，「我們也被叫去問了，你記得吧，我們歡

送彭股長去基隆做刑警隊長，照的那張照片，照片上的人，通通被叫去問了。」

　　我想起來，我們歡送彭股長升官，為他餞行，是拍過一張紀念照，現在和我一起照相的人，也多少有些嫌疑了，這多可笑？我對齊玉輝說，「老齊，你放心，只要中華民國還有一點點是非的觀念存在，我老黨總有一天會清清白白的出來。」

　　到了保安處，齊玉輝辦好押送手續，要我多加保重，就離開了。

2002號囚徒

　　保安處地址在台北市西寧北路，台灣戲院對面，日據時代叫巡防局，老一輩的台籍老人常說這地方叫東本院寺，光復後這個建築屬於台灣省保安司令部。這是一棟三層樓的建築，內部間隔成大小不同的牢房，大牢房可容納四五十人，小牢房僅容納四五人，每間牢房編有號碼，我先關押在六號房，後又轉到十號房，犯人們戲稱牢房為號子。進了號子，我的名字已經被去掉了，我

的編號是2002號，晚上九點鐘晚點名，點到2002號，要回答一聲「有！」

　　天天都有新的犯人進來，號子都滿了，有的戴著手銬睡在走廊上，我覺得自己的運氣還不錯，可以住在號子裡。牢房裡沒有廁所，每間號子的角落，都放一個無蓋糞桶，這是同房難友可以當眾方便的地方，大小解都在這裡了。犯人也分輩分，新進的要睡在糞桶旁邊，頭一晚，我被人把污水潑到我的嘴唇和臉上，用手擦一擦，換個姿勢再睡，要睡到有新人進來，才可以挪換到離糞桶遠一點的地方。我是五月初乍來新到，天氣很悶，我又怕熱，全身汗淋淋，裡面通風不良，加上每房都有一個糞桶，臭氣四溢，空氣的污濁，可想而知。

　　看守衛兵晝夜持槍巡邏，早上九點鐘，兩人共用一副手銬，列隊到院子活動二十分鐘，持槍衛兵特別警戒。有人若想多出去透透氣，只好搶著去倒糞桶，我也倒過一次，大糞坑的髒臭，實在更不敢領教。

　　每日三餐，早餐是吃稀飯，每人可分到三四片醬瓜絲，中晚餐吃乾飯，配菜是中央市場最便宜的蔬菜，如：冬瓜、小白菜、高麗菜，都是水煮的，上面漂浮幾

片豬油渣，那時還不流行用農藥，小半盆湯菜中，一定會有幾條大菜蟲，盆底沉澱一層泥砂。無論乾飯稀飯，一律都是有怪味的過期米，參雜著穀子、砂粒、老鼠屎，三餐都很難下嚥，不吃又會餓死。

　　我是愛運動，大肚量，愛吃麵食的北方大漢，經過這樣身心的雙重折磨，健康一路下滑，消瘦，想不開，由於營養不良，眼睛的視力逐漸模糊，情緒非常低落，我在心裡警告自己，我絕對不能自殺，任何人在這種情況下自殺，一定被認定此人畏罪自殺，拖出去掩埋了事，即使無罪也洗不清了。於是，我又強打起精神，與同室難友聊天，下棋，跟人學日文，教別人英文，說笑話，葷素笑話都講，把牢房裡的氣氛帶動得很快樂，那時，我學會了好幾首日文歌，幾十年後的今天，都還可以琅琅上口，「紅豆詞」是我們每天必唱的歌，大家都說「紅豆詞」是「保安大學」的校歌，但是，我把歌詞都給改了，頭兩句是「滴不盡冤獄血淚拋紅豆，看不到鏡裡囚容瘦……」我那時沒有情人好相思，也沒有鏡子可以照見自己可怕的容顏，頭髮鬍子都很長，不像現在的犯人多半剃個光頭，在我看來，剃光頭是比較合乎監獄衛生。

那時候審訊過程也有刑求逼供，據我所知，保安處用刑有兩種，一種是戴「金戒指」，另一種是上「老虎凳」，詳細情形說起來很囉嗦，簡單的說，前者加刑在手部，後者加刑在腿足部。我記得，難友中有一位李渺世先生，（他做過江蘇省武進縣縣長）不知何罪，上了「老虎凳」，用刑之後，好多天不能走路。

　　我在保安處前後被訊問兩次，我只曉的，訊問我的人是郭高參。

　　第一次，郭高參問我：

　　「你對現在坐牢有什麼感想？」

　　坐冤獄還問我有什麼感想，真會消遣人，我一肚子冤氣，激動得痛哭起來，突然想到男兒有淚不輕彈，立刻收起眼淚，鎮靜的說：

　　「我原來以為坐牢都是犯法的人，萬萬沒有想到像我這樣奉公守法，工作認真，力求上進效忠國家的有志青年，會莫名其妙的被關在這裡，吃國家的冤枉飯，不能替國家做事，這是我的感想之一；第二，我是軍統局訓練出來的革命青年，技術人員，現在在這裡受冤枉，不給我出去工作，這種冤枉是你們造成的，你們不明是

非，使國家和我個人都蒙受損失。」

郭高參又說：

「你的主管說你是很好的青年，但是他不知道你有沒有受壞人影響，參加了什麼組織？」

「我的工作很單純，我沒有參加什麼組織，請你們不要再問了。」我停下來，不想再說。

這次訊問做了記錄，我怕他們在記錄上動手腳，我要求給我看記錄，並把記錄不清楚的地方稍作改正，我慎重的在修改過的地方按上指印。

第二次郭高參又來問，還是問我有沒有參加什麼組織？我的回答除了「不知道。」「沒有。」「請你們不要再問。」三句話之外，不想再說什麼。第二次訊問過程只有兩分鐘，就結束了，沒有記錄。

在保安處我看到了我的同學，盧清會、李仲義、陳家振、倪文泉、劉照臨、薛景才、他們一個一個在我的視線內出現，因為沒有關在一塊，大家都搞不清楚到底是怎麼一回事？

移送軍法處看守所

我在保安處關押了五個月零四天，移送軍法處，這一天，一起被移送的有二十多人，每個犯人都戴上手銬，低著頭，排好隊，由兩個手持左輪的衛兵押著，用十輪GMC大卡車送去。

　　軍法處看守所的位置在警務處對面，有高圍牆，是兩層樓建築，我們關在樓下，我被分在樓下的第24號牢房，24號房內關了三四十人，大多數都是有共產黨嫌疑的知識份子，年紀最大的五十三歲，最小的是只有十七八歲的高中生。籍貫方面，台籍與外省籍的比例，大約為7：3。我是很容易交朋友的人，幾天工夫，大家就混得很熟了，李水井，三十歲，曾留學日本，他是中學教員，他教我日文，進度很快。王慈博老先生，當過師長和行政專員。涂子麟，是東北軍校少將處長。石小岑，是台大學生。陳景通，是鐵路局火車駕駛員。葛仲卿，是國防醫學院牙科學生。有一個吸毒的，沒有毒品，像神經病似的，不停的罵人。有一個流氓，身上刺著青龍，全身肌肉很可觀，進來時很囂張，沒幾天就被我們給整乖了……石小岑和葛仲卿知道我眼睛的視力一直在惡化中，建議我要打B1和肝精。

軍法處看守所犯人伙食比保安處好很多，米飯也沒有怪味，也有足夠的飲用水，有的難友家裡會送吃的東西來，他們也不吝嗇，會分給同房難友吃一些。最好的一點，是可以對外通信，但是，信封不能封口，來往信件都是要檢查的。

　　我給劉正之兄去了一封信，告訴他我因冤獄目前被關在軍法處看守所，我沒有犯罪事實，請他設法營救……他很快給我回信，內容只有幾句話，他說，「醒然，這陣子都在尋找你的下落，很失望。收到你的來信，我又有了希望了。」信封內也匯來100元新台幣。他的回信給我帶來希望與生機，我首先想到我的眼疾，我去信請全涵冰兄給我買針藥。看守所有看護兵，經過打針後，我的視力開始改善。

　　有的難友已經被判死刑，都是在黎明時分，被叫出去執刑。我的日文老師李水井；建議我打針的葛仲卿，都先後被槍決了，我心裡有著失去良師益友的哀傷。

　　每天早上七點鐘，犯人集體列隊到院子外面刷牙洗臉，時間只有五分鐘，我看到李仲義同學，我告訴他，劉正之寄來100元，問他要不要買什麼？我可以給他一

點錢，被看守看到我跟人說話，立刻過來給我一拳頭，外加一個大耳光，又罵我「槍斃你個王八旦！」一個小兵，如此的耀武揚威，我只好摸摸自己的鼻子，趕快閃開，有什麼辦法，虎落平陽啊。

我是「奸匪」

在軍法處關了這麼久了，我居然沒有見過法官，來向我問話的就是前述的這幾位，他們不是來審問，也沒有對我逼供，只是不同的人，反覆的問著同樣的問題。我的回答，沒有什麼改變，總之，我不知道自己犯了什麼罪。有一天，同押房的難友整隊去囚犯名冊上蓋手印領囚糧，我瞄了一眼名冊上我的案由，清清楚楚寫著「奸匪」兩個字，

我終於知道，我的罪名原來是「奸匪」。

開　庭

案子拖了一年多，有一天，一位法警，在號子外頭

大聲叫：

「黨醒然！開庭！」

我身上穿的是軍法處發的大紅布的上衣和大紅布的短褲，腳拖木拖板，鬚髮未修，我心中暗忖，我這樣子，大概頗像一個很正統的「奸匪」模樣吧？雙手上銬，由法警押著，走進第二法庭，上首坐著一位很嚴肅的官員，他是不是法官呢？如果是，怎麼沒有書記官以及其他人員陪同，當然，也沒有律師。法官問明犯人姓名，驗明正身，然後問：

「黨醒然，你為什麼給你的朋友劉正之先生寫信說你沒有犯罪？你怎麼知道你沒有犯罪？」

「報告法官！我沒有做過什麼犯法的事，我不知道我有什麼罪。」

「你的信不應該這樣寫。」

「報告法官！我寫的信沒有封口，要經過檢查才能放行，如果不能那樣寫，信件要被扣留的，對不對？」

「你以後不可以這樣寫，知道嗎？」

「是的！」

「現在給你五分鐘時間，你可以跟你的朋友劉正之

先生說幾句話。」

正之兄從我左前方的一個側門走進來，跟我打招呼，很勉強的笑著，他說：

「醒然，你要我幫什麼忙嗎？」

嚴肅的官員還坐在那裡監聽，我不能再說什麼營救的話，正之兄、協五兄，與我都是肝膽相照情同手足的朋友，我相信，我不必說什麼，他們都會為我盡力的。五分鐘馬上就要溜走，要把握時間，我對正之說：

「正之，我看到你，就很好了，沒有什麼事，你給我買一點吃的東西好嗎？」

「你想吃什麼？」

「請你幫我買一罐豬油，兩瓶醬油，兩斤花生米，幾根香蕉，就可以了。」

第二天，正之請人把吃的東西送來。這是我唯一的一次由法官簡短審問的情形。不久，我聽說杜麟文和貝萊已遭槍決。

之後，我被送往軍法處新店看守分所，地點在碧潭河堤附近。看守分所是由一家舊電影院改裝成的，間隔成十二小間，每間約有五坪大小，另外還有辦公室，工

作人員的寢室等等，所內生活情形不想在此多所贅述，因為，能夠關在這裡的，都不是重犯，有的正在等待交保，有的等待發監執刑。我最高興的事，我的那批同學也都來了，我們對於即將釋放充滿信心。在等待期間，無事可做，彼此說說笑話以殺時間。其中有一則笑話叫做「這就是共產黨。」同學們說，剛開始問案時，他們都是由焦金堂先生訊問，焦先生與我有些相熟，所以不便問我，把我交給郭高參來問，但是，焦先生還是會從側面向我同學探聽，黨醒然此人日常的生活情形，同學們告訴他，黨醒然平常喜歡運動，唸唸英文，焦先生聽了，不加思索，立刻下斷語說，「這就是共產黨！」

後來，我們凡看到喜歡運動和喜歡唸英文的人，都會彼此會心一笑。

無罪交保

等我收到無罪的判決書，應該就可以釋放了，但是，我還要填一張交保的單子。如果，我請正之兄具保，他得到消息馬上會來。而我心中有一個堅持，寧

可手續麻煩一些，我也要請刑警總隊的長官來作保，因為，當初是余副總下手令把我收押的。同時，我的日文還在繼續的學習著，只要再有三個月，我的日文基礎就打好了，我真是非常的捨不得離開我獄中的日文老師們。無罪還要交保，我不知道世界上是不是還有其他的國家訂定有這麼不合理的法律條文？

從民國三十九年四月十九日到四十年六月二十五日，我無緣無故的被關押了433天，我不知道要到哪裡去討回公道？我又不得不慶幸，我是我的朋友中第一個被交保的人，同時被關押的同學們，他們除了羨慕之外，也托我帶出去許多訊息。

交保手續弄清楚了，我脫下囚衣準備要走，一心只想到附近的照相館，去拍一張冤囚的尊容。我不想跟所長說再見，這種地方能夠再來相見嗎？所長眼睛很尖，看到我鬚髮都有寸把長，無論如何要我整修門面再走。我心中只想出去照相，嘴裡卻不便說出來，堅持了半天，最後是所長花了一塊錢，他請我在裡面理髮，這麼一來，已經不像囚犯，也不必照相了。

劇終前的小插曲

　　我因在收押時有私人的物品存放在台北軍法處看守所總所，這時候可以先去把東西取回來，包括腰帶一條，皮鞋一雙，臉盆一個。總所登記處櫃台管理員，看完我寫的取物單，很快的把腰帶、皮鞋原物還我，但是，臉盆不對，我存放的是一個搪瓷大臉盆（表面有琺瑯質圖案裝飾），他給我的是只有湯碗大小的小鋁盆。我對管理員說，我的臉盆是搪瓷大臉盆。他把小鋁盆拿進去，換一個比湯碗大一點的中型鋁盆。我對他說，這不是我存放的臉盆，我連說帶比畫給他看，我的臉盆有多大，外面是天藍色，裡面底部是一朵橘紅色大牡丹和綠葉圖案的搪瓷大臉盆。這是我在南京買的，很有紀念價值。管理員就是不去拿，他說，你等著。我坐著等了兩個鐘頭，他忙東忙西，就是不去拿臉盆。我又去和他理論，問他，為什麼一個臉盆這麼難拿，要我空等兩個鐘頭。

　　他說，你坐牢都坐了那麼久了，還在乎這兩個鐘頭。我一肚子冤氣正沒地方發，聽他這麼一說，我的

火氣冒起來，拍桌子大罵，並且問他，「你是不是以為我坐了一年多冤枉牢還不夠，要再追加兩個鐘頭？」聲音很大，有人過來解勸，我指著管理員的鼻子大聲問：「我的臉盆在哪裡？你拿不拿？你不拿，老子今天不走，有本事，手銬拿出來，再把老子關進去。」他一步一步往後退，又進去拿，第三次拿出來的，才是我存放的搪瓷大臉盆。

仗義執言的長官和朋友

我拿對了我存放的物品，回到刑警總隊，找到協五兄，他要我趕快去見總隊長和副總，兩位長官拉住我的雙手，不停的說，「老弟，委屈你了，委屈你了。」余副總立刻給我看一個卷宗，裡面有三次為我向上級請求釋放的報告副本，他說，前兩次上的 報告都沒有下文，只有第三次這一次由吳主席（吳國楨）親批「姑准」，正在進行要去保人，就收到我請求交保的申請書。

另一方面，我知道正之兄也在為我奔走，他一定動用了特殊的關係，所以，才有辦法在開庭時見到我一

面，總之，他們都不會相信我會是什麼共產黨。

接著同事們告訴我，我關進去之後，刑警總隊上上下下眾說紛紜，相信我是共產黨的人實在不多。凡是和我比較接近的人，都被找去問話，協五兄在我被關押之前幾乎天天和我一起，他也被訊問得最厲害，協五兄被問急了，曾大聲對他們說，「黨醒然絕對不是共產黨，如果有証據証明他是共產黨，我王某人自殺。」這種話不是普通的交情說得出來，而且，我剛出來那一個月，身上一文不名，也是協五兄為我付了一個月的伙食費。他還不讓我對他說一個謝字。

我辦好復職手續，立刻到台中去看正之兄，他也不肯讓我知道他到底動用了什麼關係，他只說，「能夠出來，就好了。」他是怕我去感謝人家，又惹麻煩。後來我知道，其中有一位是黨正直先生，這麼說起來，應該是，姓黨的也在想辦法營救姓黨的。

題外話

我有必要在這裡先說幾句題外話，然後再敘述我

所發現的一些誣陷事實。正之兄與我是在南京相識的，他是東北偽滿警官學校畢業，能說一口標準的日語，抗戰期間任職日本警政單位，後被軍統局吸收，替我國政府從事情報工作。正之兄來台後任職台中市警察局。我與正之兄之間，有著不可解的恩情緣份。我無故被羈押，他得知之後，為我奔走營救。我復職之後，不久，去做在台美軍的翻譯官，工作地點也在台中，有三四年之久，我每月的薪水，除了留下少許自己花用之外，薪水袋就交給他，因他一家六口，警察待遇非常困苦，我一個單身，在生活上給他資助，我認為是應該的。民國四十六年我要結婚，他為我主持婚禮一切，甚至包括總招待。我與妻的婚禮，在台北市西門町豐澤樓舉行，婚禮當天，非常熱鬧，來吃喜酒的朋友們，多半是為了要來一睹我的証婚人羅家倫先生的豐采，羅家倫先生與我僅是「新人生觀」這本書作者與讀者的關係，我讀他的書，景仰他的為人，買他的書送給朋友，從大陸一直買到台灣，前後送出去九十多本，也曾去信給羅先生，向他請教一些人生問題。心裡也希望，我若結婚，一定要去恭請羅先生做我們的証婚人。我做到了。婚禮中還碰

到一件奇怪的事，一位自稱劉朋的年輕人，堅持要給我送一份禮，我與他並不相熟，他說他與我是同一個案子受牽連的人，知道我的名字，他出獄後在此豐澤樓酒樓工作，憑他在酒館中工作的閱歷，他告訴我，結婚証書上要貼印花，印花上要蓋證婚人的印章，才算有效。人生真是處處有學問，處處有奇遇，處處有歷史。

　　我與我妻之間也不知道是哪裡來的緣份，她是頗為細緻的福州姑娘，我是很粗獷的北方侉子，我第一次與她相遇，就說我坐冤獄的故事給她聽，不但沒有把她嚇跑，反而在相識三年之後，她嫁給了我，羅家倫先生在証婚人致辭時還開玩笑，他說，中國人的婚姻最好是南北一家親，後代子孫會比較優秀，我是不敢自誇，如果羅先生說得不錯的話，我們的四個子女，好像是比他們的父母稍稍優秀一點點。我後來時不時的在我妻子耳朵旁邊，經常的訴說著我坐冤獄的故事，一說就說了四十三年，今年正好是我們結婚四十週年，如果她希望我不再說下去，只有趕快把這個故事寫下來，現在為我執筆為文的，不是別人，正是可以把這個故事倒背如流的我的妻子。

民國四十八年，正之兄車禍罹難，一家六口，只剩下一個長子活著，實在令人悲痛。我是他的治喪委員之一，也是他長子的監護人。　在那以後的十多年，看著他唯一倖存的兒子長大，結婚，我又為這個孩子主持婚禮。我與正之兄，我們彼此，都在向對方報恩，這些個種種緣分，再怎麼想，都無法解釋。他的兒子，婚後移居加拿大，有賢惠媳婦，三個很出色的孫兒，我為此感到欣慰。也以此告慰正之兄嫂在天之靈。

　　還有幾句閒話，也要在這裡說一說，受此冤案株連的，我的同學們，一個一個，釋放出來，都復職了，大家餘悸隨身，有的改了名字，不再去提坐牢的事。坐牢期間，補習班也散了。那塊合資購買的土地，因所有的參與者都受株連，土地閒置，仍由曹天義老先生隨便種些四季蔬果，是借給他種，並非地主與佃農的關係，因為，我們沒有向他收租，也沒有訂定任何租約。與我一起具名買這土地的吳姓友人，因受另一椿匪諜案牽連，出獄後不久，體弱憂鬱，一病不起。民國四十二（1953）年，有人出價四萬（新台幣），要買這片土地，正在進行買賣，適因「耕者有其田條例」頒佈，土

地凍結買賣，曹老先生是這片土地的暫時耕種者，很自然的經過條例中的某些辦法，擁有了這片土地。我與合資的同學們，算是小地主，我們獲得2070元稻穀票、番薯票的折現貼補，土地算是被徵收了。也就是說，在強制徵收的政策下，私人的土地，由政府作主，如何買，如何賣，我們這塊土地，只能算是換一個人來做地主而已。一場冤獄，粉碎了一群年輕人的生涯規劃與夢想，甚至有人犧牲了寶貴的生命。如果台灣的土地改革很成功的話，台灣這個小島，後來怎麼會成為世界有名的炒地皮者的天堂呢？這些都是很令人深思的題外話罷了。

我所查獲的誣陷線索

這個冤案，到底是怎麼一回事？在我心裡始終沒有放下，「白色恐怖」的陰影仍在，詢查工作很難進行，始終找不到一個切入點，直到民國四十三年，我遇見呂翻譯官，有一天，呂翻譯官和我一起出去散步，他以謹慎試探的語氣問我，他說，「老黨，你這個名字，我覺得很熟，好像在哪裡見過。」他很技巧的起了這麼一

個頭，等我自己往下說。我也開門見山的說，「老呂，有兩種場合，你可以看到過我的名字。其一，偵辦張白帆陳素卿情殺案時，我在專案小組負責錄音，我的名字常常上報；其二，民國三十九（1950）年、四十年間，我坐了一年多的冤枉牢，後來無罪交保。你說見過我的名字，請問是前者還是後者？」他說，「實不相瞞，是後面這一個。」話題繼續往下說，他告訴我，當時他是這個案子的書記官。我一直都在收集這個案子的點點滴滴，這真是「踏破鐵鞋無覓處，得來全不費工夫。」我一定要從呂翻譯官這裡問出一些蛛絲馬跡來。現在，我最想知道的是杜麟文的冤屈。呂翻譯官說，他可以告訴我一些，但是，如果我說出去的話，他絕對一概否認。我對呂翻譯官有口頭上的承諾，因此，我仍不便說出他的名字。

另外，我也從其他難友和清會兄處得到一些真象的枝節，因清會兄是我們受到株連的關鍵性人物，清會兄出獄後改了名字，也轉行他業，此處我仍用他的舊名。我所獲得的資料，因提供的人和時間先後多所顛倒零亂，為了敘述方便，現在先加以串連整理，簡述如下：

很接近事實的是，當時國民黨總裁（蔣介石）辦公室授權保密局，在北投石牌創辦一所「游擊幹部訓練班」（簡稱游幹班），班主任是毛人鳳，班務由班副主任楊巍主持，焦金堂是教育組組長。游幹班的主要任務在訓練幹部到大陸去做地下情報工作。

　　那時在南部鳳山，也有由孫立人將軍所主辦的軍訓班，主要的任務在訓練軍中、基層幹部。

　　杜麟文原屬鳳山軍訓班受訓學員，後轉入游幹班受訓，與盧清會同時成為該班學員，盧清會與我是四川杜市電訓班的同學，來台後，工作單位不同，私交很好，常有聯絡。

　　游幹班學員，訓練到某個階段，皆有可能派赴大陸從事地下工作。去時政府發給所需物品，包括黃金、美鈔、港幣、大陸人民幣等等。這是危險的任務，有人犧牲了，有人回來，回來的可以再回到游幹班加強訓練。其中有兩位少將官階的學員，去了又回來。有一天，這兩位少將，在一起聊天，聊天內容提到他們在香港如何泡妞，如何吃喝，如何快活……等等，互相吹虛他們在香港的豪華享受，總之，他們拿了黃金美鈔只是去香港

玩樂，並未前去大陸從事地下工作，回來做了假報告矇騙上級，又回到游幹班來回鍋，繼續受訓。

誰知隔牆有耳，兩位少將談話內容被杜麟文聽到，當時，杜指責他們兩個是政治垃圾，並且對他們說，「國家到了這個地步，你們還拿政府的錢在香港嫖賭玩樂，實在該殺⋯⋯」等等。（這個段落資料是由清會兄提供。）

兩個政治垃圾，恐怕自己的骯髒事跡敗露，非但不痛加檢討補救，反而暗中進行栽贓誣陷，反咬杜麟文為共產黨。那時候，誣人為共產黨是最狠毒的紅色帽子，政府寧可冤殺一百也不放走一個。杜麟文被抓了，但是完全沒有證據。盧清會與杜麟文同是游幹班學員，也是意氣相投的朋友，盧清會被抓了。我與盧清會是四川杜市電訓班的同學，也是好友，與杜麟文又有一面之緣，也抓了。我們杜市電訓班在台學員有數十人，平常與盧清會有連絡者還有陳家振、李仲義、劉照臨、倪文泉、薛景才（出獄後改名）等，皆被一網打盡，通通被抓了。與杜麟文在鳳山軍訓班受訓而又有連繫者，如：貝萊、劉朋、左靜秋、蔣人超、郝九思、李德生⋯⋯

等，全部進去了。另外還有一位是朋友介紹給我在我們農場做小工的年輕人，許少武，也抓了。我們這些人，有的關在一塊，有的被隔離，杜麟文軍訓班受牽連的人數還要更多一些。沒有人知道自己為什麼被抓，有的至今都不知道。那一班栽贓的高階將領，欲致杜麟文於死地，他們自身才能安全，又編造一篇口供，叫杜麟文照抄、內容是「我是×××，是華東區派來的；專門負責吸收技術人員……」並告訴杜麟文，這樣寫，可以提前釋放。杜麟文不知有詐，這個他親手寫的，變成他認罪致死的口供（不知有否逼供）。此案拖了一年多才結案，由軍法處宣判杜麟文、貝萊死刑，槍決前，杜高呼口號：「我不是共產黨！中華民國萬歲！蔣總統萬歲！」（此段資料由呂翻譯官口述提供）。

呂翻譯官也說，軍法處上上下下都知道此案為冤案，但是，當時杜麟文有親手所寫的口供，沒有人敢明說，也沒有人敢為他翻案。杜麟文是江蘇人。貝萊是四川人。他們兩個都曾是軍訓班的學員，行刑時的年紀大約都在二十五、六歲。

一樁待解的陳年冤案

杜麟文、貝萊已死無對證。盧清會對此案的幾個疑點，是在事後回想所得，他也不知道那兩個少將的姓名。呂翻譯官所記述的，是已成定案的「匪諜案」審理片斷。

既是栽贓誣陷，栽贓人必定隱在幕後，至於此案栽贓的過程，栽贓的手法，原告是誰？證人是誰？多少人參與？這些都是難解的謎。希望有關當局，能夠翻出舊案，重新調查，讓栽贓者無所遁形，以慰杜、貝兩位年輕人的冤死之靈。

在那樣一個風聲鶴唳的大時代中，「杜麟文匪諜案」與其他匪諜案相比，只能算是小巫見大巫，我在這一齣爛戲中，也不是什麼吃重的角色，若說跑龍套的小兵，手中也應該握有兩把小紅旗，我連一把紅旗都沒有，只不過在舞台邊邊，悄悄的喊兩聲「威武！」而已。

這個故事說到這裡就此打住。人類若不能從歷史中得到教訓，類似的不幸悲劇會再重演。希望會有更多對

此案件知情的朋友出現，能夠把它說得更明白。

（北美世界日報「上下古今」版連載刊出）

二、「洋隊生涯」舞一套

　　洋飯碗好不好端？這要問問端過洋飯碗的人，有的人覺得洋飯碗好端，有的人覺得不好端，我的洋飯碗不好端，有幾次被人奪走，有幾次是自己不小心差點兒打翻了。阿——哈……！現在由我口述，老妻代筆撰寫，如果有人跑來對號入坐，那與本作者及媒體無關。

韓戰暴發與台灣編譯人員訓練班

　　話說1950年代，韓戰方殷，美軍在韓國戰場，需要有中英文翻譯人員，請求台灣中華民國政府協助培訓，大約在民國四十年（1951）開始，由聯勤總司令部外事處，成立「編譯人員訓練班」，著手訓練編譯人才。班主任是由聯勤副司令黃仁霖將軍兼任。受訓期限是十個星期，班址在台北市信義路二段，原國際學舍附近。受訓期間，食、宿、學、雜各費由訓練班提供，招考方式是公開登報招考，學員來自軍中、民間都有。結業學員

將派往韓國戰區，進行前線及空中喊話等等任務，是和美軍直接簽約，薪水很高，這是玩命的工作，亡命機率很高。但是，重賞之下必有勇夫，第一期、第二期結業學員四、五十人，已經前往韓國。我因受白色恐怖冤獄牽連，出獄後不久趕上第三期招生。第三期人數最多，有一百三十三人，在一個大教室上課，其中有台大外文系、師大外文系畢業生，高中英文老師、一時弄得英文老師大為缺人。軍職學員也有官階至少將軍階者。「微曦」作者馮馮，和我是同期同學。十個星期，密集教學，主要學習軍語、會話、社交禮節等，吳炳鍾教授，是我們的老師之一。這時候，美軍已開始協防台灣，美軍顧問團的人員陸續到來，翻譯人才更是需要。我們也已經聽說中方翻譯人員中，有人在韓國發生了某種負面的狀況，從第三期起不再派人前往南韓了。十個星期很快過去，本期在四十一（1952）年八月十八日結業，結業典禮十分隆重，參謀總長周至柔將軍、聯勤總司令黃鎮球將軍、顧問團團長蔡斯將軍等都參加了典禮。

八十軍軍部美軍顧問室編譯新鮮人

我被派到南部鳳山五槐厝八十軍軍部任職，和我一起派到八十軍的還有安國芳等共四位編譯官，連絡官是楊棄智（名字經過美容，真名是智慧大開的意思。）少校，我是最早來報到的人。不久，美軍顧問也來了。首席顧問是婁中校（Col. Low），及上尉通信顧問戴雅達（Cap.Dauyatous）、杭特等七位。顧問室是利用一間倉庫大庫房間隔成大小數間，八十軍另派徐少校、文書員鄭上士、還有鍾行淑等軍職人員五人。整個顧問室共有中外人士十七人。

一般說來，編譯官多半是平民百姓，也是和顧問直接接觸的人。連絡官一定是軍職，負責向聯勤外事處連絡、溝通、並管理事務方面的事。薪水方面，翻譯官和連絡官是不相上下的。連絡官除了軍餉以外，官方再補貼大約五倍於他本餉的津貼。

顧問來了之後，想把美國的軍事新知，介紹給中國軍人，他們事先準備演講內容和教材等，請打字小姐

（馬玉催）先打出來，編譯人員首先進行瞭解、查查字典，有時弄到深夜。八十軍調來約八十多位尉、校級幹部軍官，來聽講受訓一星期。我們幾個翻譯官都是新鮮人，這種任務，算是挑戰，兢兢業業，不敢懈怠。

但是，工欲善其事，必先利其器，而我們手邊只有很薄的十行紙、很硬的鉛筆、和一片小學生用的那種會割手的小刀片。有一天，通信顧問需要翻譯一些資料，我用派克21型鋼筆在十行紙上書寫，十行紙紙質太差，寫一個字，墨水滲濕底下兩三張，鉛筆太硬，紙張太薄，難寫又看不清。我氣呼呼的去找楊連絡官，我說：

「老楊，這十行紙這麼爛，你看得清我寫的是甚麼字嗎？」

老楊一時很尷尬，無話可說。我又回到自己坐位，勉強用鉛筆寫。

顧問室每天上班八小時，每週五天。下午五點，顧問離去以後，老楊對我說：

「老黨，顧問室每月由上面發給一百元辦公費，以後由你去管吧。」

「好啊，你把錢給我，我馬上管。」

老楊真的給我一百元，軍部配給編譯官一輛公用腳踏車，我騎著車子到鳳山市去，找到一家不錯的文具店，我買了紙質最好的十三行紙十五刀（每刀一百張，行數多，較經濟。）、軟性鉛筆五打、方型可套在鉛筆上的削筆刀五個、原子筆五支（新產品，很貴，每支三元。）、通通以五為單位，就是說四位編譯官和連絡官每人都有一份，這樣買下來，還有餘錢，我又去買了一些茶葉，想想，大家都有好文具，又有好茶可享用，不是很美嗎？錢買光了，回去把收據貼在布告欄上，（那時還沒有購物發票。）我這樣的服務，有沒有盡善盡美？看各人的想法了。

八十軍是以過去的青年軍為班底，知識份子很多，他們的學歷，從小學畢業到大專程度的都有。顧問室的文書上士、傳令兵，對英文都學一些，有問題會來問翻譯官，大家相處得很融洽。

我哪裡想得到，我熱心的幫楊棄智少校買文具，惹禍啦！由於我的有欠思考，把一百元給買光光，害他賺不到小費，他懷恨在心，暗中向聯勤總部總連絡官室打我小報告，要求把我調走。文書員鄭上士替我不平，他

等楊少校不在的時候，把發文底稿給我看，第一次的發文是，「黨醒然，口譯、筆譯均差，不稱現職。」第二次發文是，「黨醒然，口譯、筆譯均差，不稱現職，調皮搗蛋，生活不檢。」鄭上士善意警告我，不要再幫連絡官買東西，他同時也看到過楊少校把辦公費買來的燈泡、碗、筷子，都帶一些回家。

軍長聘任為軍部官、兵英文補習班教官

美軍來了，大家都覺得學習英文很重要，軍部裡的政治部想成立一個官、兵英文補習班，他們請楊棄智少校兼任補習班英文教官，楊棄智推辭說沒時間。另外一位編譯官願意兼任，但他要三百元酬勞。政治部因為籌不出三百元，事情就停頓在那裡，無法開班。那時候，軍人待遇很低，少校月薪只有九十元，每月要籌三百元，確實不容易。我心裡想，我一個月有六百七十元，一個人用都用不完了，我來兼教官，不要酬勞。星期六下午，我跑到政治部去，主任不在，有一位郭科長留守辦公室，我對他說：

「我是顧問室黨翻譯官,聽說你們還沒找到英文教官,我願意來教,沒有甚麼條件,不要給我津貼,只要以軍長名義,給一個正式的聘書就行。」

「那太好了,黨翻譯官請坐。」他向我敬菸,又叫人倒茶。原來郭科長就是要承辦英文補習班的負責人,他也說,他可以請軍長弄個聘書沒問題。接著,我們討論上課時間和教材,他說教材他外行,上課時間看教官如何方便都行。教材我決定用林語堂編的英文開明讀本一、二、三冊。上課時間是星期一、三、五晚上七到九點。

郭科長工作效率很快,到了星期一下午七點鐘,他同另一位少校,一起到顧問室來找我,並帶來由軍長鄭果具名的聘書,此外,軍部決定每月津貼一百元。我堅持不要,他硬要塞給我一百塊錢,卻之不恭,我只好收下。他說,第一天只要給大家精神講話,不必上課。然後,他們帶我到官長的大飯廳,也就是以後上課的課室,郭科長要把我介紹給大家。我沒有想到,一個餐廳裡擠了那麼多人,郭科長說,大約有八百人。我就上去給大家精神講話,主要是說,有興趣的話,大家一起來

討論研究。精神講話，也講了兩個鐘頭，八百人的掌聲是很響亮的。我前面說過，八十軍是從前的青年軍改編的，知識份子，求知慾很強，現在可以証明了。郭科長說，來上課的從二等兵到上校官階的都有。

　　上課幾天以後，人數繼續增加，超過一千人了，大飯廳擠不下了，我對他們說，不一定在課堂，只要我有空，有問題可以來問。

　　後來事情很好玩，我和編譯組的同事走在路上，很多官兵向我們敬禮，叫我老師，我根本都不認識他們。也有人主動送我免費的火車車票。很多年以後，有的官兵退伍轉業了，在全省各地，都有碰到。一次到嘉義，一位鑲金牙的鐵路局職員，叫我老師，要請我吃飯。一位在台北市重慶南路賣葡萄，一定要送我葡萄。一位憲兵中尉陳裕華，要請我到他隊部去聚餐。也有一輛計程車，突然在我旁邊停下來，開開車門問，「黨教官，哪裡去？我是鐘行淑，我載你去。」鐘行淑，江西人，我印象深刻，他是顧問室傳令，我不讓他幫我洗衣服，他總是搶著要幫我洗內衣，後來他開計程車。一位在中央果菜市場批發水果，一定要給我一大袋二十斤的棗子扛

著走，回去被我太太罵神經病，買那麼多棗子幹嘛。這些都很好笑，所以先說在前面。

數月後，八十軍軍部遷址，搬到台南（原陸軍第四總醫院對面），改編第十軍，軍長由葉成中將擔任。英文補習班因遷址停辦。

我的調職成了事實，聯勤總連絡官室有公文，要把我調回聯勤總部「處理」。

和我一起工作的顧問韓特（Hunter），不願意我被調走，他去告訴首席顧問席爾蒙中校（Col.Silmons）。席爾蒙把我叫到他辦公室，對我說：

「黨先生，我們不願意你被調走，只要你自己想留在這裡，一切責任由我負責。」

我是不想挾甚麼甚麼以自重，我對席中校說，我是中華民國的國民，應該服從政府的調派。

軍長約我談話，也是想把我留下來，我對軍長說同樣的話。

離開時，兩位顧問各給我寫了一份獎勵函。

帶著洋顧問向蔣公敬禮

在台北沒待幾天，民國四十三年（1954）一月，我被調到左營海軍陸戰學校，有一個由美國新調來的訓練小組叫 T.T.T.（Troop Training Team），主要是要傳授給中國海軍如何運用通訊防水方面的新知識。有顧問四位，中方編譯人員十多人。我要和安德生上尉（Capt. Anderson）配合，他去講無線電防水，我要跟在旁邊翻譯。

沒想到，楊棄智少校也來陸戰學校受訓，他先看到我，跑來跟我握手，很親熱的提及我們「兄弟」在台南八十軍如何如何，這種所謂的「兄弟」，是不是也太惡心了？隨便聊幾句，沒甚麼好囉嗦。

T.T.T.小組訓練結束，接著是一次大規模的海、空演習，海軍單位要從小港登陸，我和安德生上尉從艦艇下來，往陸上走，主管的軍官，當時神色非常的緊張，吼叫著要我們站在原地別動，好像有甚麼要人蒞臨視察，我有些反感，沒有理會他的吼叫。我和安德生繼續往

前走，看到前面一百公尺左右，迎面走來的正是總統蔣公。我一面走，一面對安德生說：

「對面走來的是我們的最高領袖，等一下，走到他面前，要立正向他敬禮。」離蔣公只有幾尺遠了，我們兩個，立正向蔣公敬禮。蔣公微笑舉手向我們回禮，嘴裡說：

「好，好，很好。」我目視蔣公，他穿軍服，沒有戴軍帽，上唇留有整齊的短髭，已經全白，精神很好，步履穩健，身邊還跟著幾位穿米黃色中山裝的安全人員。能夠帶著老美，在近距離之內，向自己的領袖敬禮，是一次頗為難得的經驗。

宜蘭通信兵學校的場面

43（1954）年5月，某一天（日期已記不清），我離開左營陸戰學校，回到台北聯勤總連絡官室，當天就被派到宜蘭通信兵學校。通校顧問室有首席顧問葛林少校（Major Green）、上尉爾文（Capt. Earvin）等共五人。兩位軍職連絡官，熊少校、王中尉，我是新調來

的，還有一位呂翻譯官。

　　一個星期五，爾文上尉對我說，星期六他想去花蓮找一位普巴神父，但是他怕迷路，希望我和他一起去，我也想去玩玩，就答應和他去。去時由司機開著小吉甫，大約下午五點，找到普巴神父的教堂所在地。車子停好，我準備和他一起進去找神父，他說他自已去就可以，要我和司機在外面等。過了半小時，他還沒有出來，我想，他會不會找人有困難？我也推門進去。先看到的是一個像籃球場大小的廣場，上尉站在廣場中間，我站在廣場左邊，我問他找到神父沒有？他說神父就要出來了。正說著，一個外國神父在高起的走廊上出現。上尉走向神父，神父東張西望，看到我，立刻向上尉擺擺手，退縮回去。他們並未交談，上尉反身和我一起出來。我問上尉，你們為甚麼沒說話就走呢？上尉說，沒甚麼，我們回去吧。這一趟花蓮之旅，來去匆匆，在我心中留下疑點，他們到底要幹甚麼呢？

　　7月，聯勤總司令黃仁霖將軍要來宜蘭、羅東地區視察，有美軍顧問團通信顧問賴特上校（Col. Letta）及隨員同來，主要視察對象是宜蘭通校，日期訂在下星

期一上午九點。通校校長任世江少將，黃埔軍校六期畢業，他很重視這件事情，全校上下忙碌起來，顧問室有很多資料需要翻譯，到了星期六，我們四個編譯人員以及打字小姐等等，全部加班。長官和顧問來的時候，校長要做簡報，他希望我替他翻譯。簡報完了，還要閱兵，閱兵之後又集合全校官兵在大禮堂聽演講，總司令講話完畢，是顧問致詞。校長事先已同我說過，要我上台替顧問口譯。有三千多人聽講的大場面，我是第一次遇到，當時心裡實在非常緊張，再一想絕對不能怯場，心情也就慢慢安定下來，幸好顧問所講的並沒有特別難懂的地方，台下一陣陣如雷的掌聲，賴特上校很高興，講完了立刻跟我握手，深深的表示謝意。

客人都走了以後，校長又回頭來找我，他帶來一包未開封的雙喜菸和打火機，請我抽菸，他說，今天大家都把角色扮演得很好，他很高興。聊著聊著，校長多次向我敬菸，而他自己又不吸菸，倒把我弄得有些不自在起來。後來他透過曹健先生（與影藝明星同姓名）想把我留在通校，他要去設法，把我弄成中校連絡官，我沒有意願，與以婉謝。第二年春天，通校搬家，我被調回

台北通信署。在宜蘭通校，交了不少好朋友，有的至今仍有連絡。

登上美軍第七艦隊的大旗艦

在通信署，有一天，我們三十多位翻譯官，同時接到命令，有臨時緊急任務，要我們通通不要外出。甚麼事？去哪裡？不知道，一切保密之中。連我已認識半年的女友，也無可奉告。

第二天，我們從松山機場乘飛機，約五個多小時，到達琉球，然後，美軍方面用巴士把我們送到一個港口，登上美軍的大旗艦，兩小時之後，美軍又把我們三十多人分成許多小組，分別登上大登陸艇。大登陸艇相當大，有好幾層樓高，最上面一層是甲板，最下面一層載有三個小登陸艇，小登陸艇的肚子裡又載了一輛十輪大卡車和一輛中吉甫。大登陸艇兩邊還吊掛著十多個載運兵員的小艇，小艇也分大小，大者可運一排武裝兵員（三十餘人），小者可運載一班（九人），甲板上有兩部吊車，以裝卸這些載人小艇。我上上下下都看了一

下，人家的軍備與人員的精良，官兵各就各位，盡責有紀律，可以窺知美國之所以強大的原因了。我上到甲板上，美國士兵借我望遠鏡遠看，整個的艦隊，是以作戰的情況前進，縱目所及，我看到七、八艘艦艇，實際數目不詳。我回到底艙，中間也吃食休息，約三十八小時抵達，才知道我們來了大陳島，美軍第七艦隊要來協助大陳島中國軍民向台灣撤退。 中共炮轟上、下大陳島，已有一些時日，大陳地處浙江沿海，台灣當局鞭長莫及，只有撤退一途。

艦隊在凌晨四點到達大陳，我在甲板上一看，只見四周一片燈海，別的都看不見，不久，小登陸艇上岸了，開始撤運軍、民物資人員，我們翻譯官只負責翻譯，白天上岸，夜晚回到艇上休息，飲食都由美軍供應罐頭、冷飲、乾糧等。。一個星期，很平和的撤退完畢。旗艦把我們這一批翻譯官送到基隆港上岸，我們又回到通信署。撤退過程中，中共未發一槍一彈，而且很識相的退後幾十里。我只看到島邊有一艘已燒焦的舊艇仍在冒煙，空中有直昇機盤旋，有人說，蔣經國在直昇機上，但無法求証。我聽見艦隊司令說，只要對方發出

一槍一彈，必定還擊，那麼，當時的情況將整個改觀。中共當時的軍備，不是美軍的對手，像隻紙老虎，只會嚇嚇小台灣。（可是，後來又常聽到有人說，「經營大台灣。」小與大的看法，因人而異吧。）

赴考特等翻譯官

不久，我調高雄、台中等地，有關無線電的機、廠單位，各地都有美軍顧問，大約有兩年時間。在台中時聽說，台北外事處在招考特等翻譯官，我和另一位同事胡×林一起報了名，又一起赴考。考場借用建國中學的教室，有六十多人應考。考後得知，胡是第一，我第三。之後不知何故，沒有任何進一步消息。回到台中又被胡給騙了一下，他說，「老黨，你的鋼筆借用一兩天好嗎？」我不加懷疑，就借給他，那時候，派克鋼筆很貴，我是花12元美金買的，誰知老胡好賭，英文很好，品德很差，等他從當舖贖回來，我的鋼筆已是面目全非。（我們常聽人說，不要以小人之心度君子之腹；但是，以君子之心，去度小人之腹，吃虧上當，就在

眼前。）我又去買一支派克21，刻上女朋友的名字，
送給她。

台中的顧問走了，我又回到台北通信署上班，和
幾位連絡官、翻譯官黎×斗、吳天林、朱炯、李雋文、
李武鑫等在一起上班。五、六個光棍住在通信署宿舍三
樓一個大房間，很熱鬧，李雋文是政大畢業，又會唱京
戲，常常清唱一齣「鎖麟囊」給我們聽，那一段日子，
是我做翻譯官以來最輕鬆的日子。

辦完婚姻大事　丟了洋飯碗

「編譯人員訓練班」到第十期沒有繼續招訓，（聽
說錢復先生是第六期。）以後由軍官外語學校繼續培
訓，調訓的多是軍職人員，像我們這些較早期的編譯人
員，也陸續的回到外語學校，在職訓練一個月。

軍職編譯人員的數量，漸漸的增多，非軍職的沒有
再遞補，連絡官的權限越來越大，平民編譯工作將要走
進夕陽。

民國46（1957）年3月，我結婚了，繼續留在通信

署，和顧問桂尼斯在一起，他和我，我們每天坐中吉甫到士林外雙溪無線電五級修理廠上班。我的第一個小孩出生後不久，我就失業了。我的被炒魷魚，叫顧問和同事都感到莫名其妙，因為，我的績效一向都該列為甲等的。我們沒有想到的是，當時代已經走到「績效無用論」的關口，你去跟誰講績效呢？我再三思索，我可能得罪了連絡官黎×斗中校。說起來，很冤枉，我結婚的時候，幾位光棍朋友都來吃喜酒，賓客當中，來了四十多位年輕貌美的女賓客，都是新娘的同學和明友。連絡官黎×斗中校一直對我示好，主動幫我把光桿時用過的單人床賣掉，後來纏著我給他介紹女朋友，這真是有點兒強人所難，人家那些女孩個個名花有主，而他自己也是名草有花，我是有話直說的人，不太懂得敷衍。後來，他跟他的女朋友要去郊遊，來跟我借照相機，我的小相機，裡面有膠捲，已經拍了幾張，我把相機連底片一起借他。他拍了幾張，又還給我。我把底片拍完，送到照相館去洗，照相機是交給老闆在暗房取出底片，誰知道，等我去取照片，老闆交給我的是一捲曝光的底片，一張照片也沒有，我對黎中校說了實情，也把曝光

的底片拿給他看，他的臉色很難看，我也沒辦法補救，不久，另一位連絡官趙化清先生來傳話說，「黨先生，你下個月不再續聘了。」就是一這麼句話，連一紙公文都沒有，可想而知，當時的外事（涉外）處沒有制度，連絡官的權限與橫行，令人髮指。李雋文兄看到我莫名其妙的被炒魷魚，也就另謀生路去了。再以後的編譯官，日暮途窮，就是暫時留任，也沒再調過薪水。

顧問桂尼斯看到我們外事處這樣的無法無天沒制度，不斷搖頭嘆息。幸好桂尼斯和我，我們私下做些小生意，我們業餘都喜歡研究無線電，他有管道去洋人家庭收來舊的壞的無線電用品，他家工具很多，我們一起修理，我也教他五年級女兒的算術，變成他發薪水給我。還不止此，他們夫婦還去把嬰兒食品、奶粉等到美軍合作社幫我們買來。桂尼斯是西班牙裔美國人，回國之後還一直來信，關心我丟掉飯碗的事，問我找到工作沒有？

桂尼斯一家人，我們真的很懷念他們。

丟掉一個洋飯碗　又端起一個洋飯碗

　　丟掉了一個洋飯碗，又拿起一個洋飯碗，這一回我去美國協防台灣的空軍基地。這一個美空軍基地，地址設在台北縣林口鄉。在此之前，我沒去過這個地方，也不知道在台美軍有這樣的單位。

　　我沒有一定非要端上洋飯碗不可，我曾試著在中國政府機關找工作，談何容易？人家都要看我前面的履歷，或是你有甚麼關係背景？喬家才（這時他是國大代表）寫了一封信，把我推荐給中央黨部，黨部管人事的要我去一個小地方去做黨務工作，我自忖不是做黨工的好材料，沒有去進行。胡玞是我在大陸時就認識的老朋友，他說，他願意為我寫封介紹信，由他的好友盧維通把我推荐給在林口美空軍基地管人事的葉德欣。老胡還說，如果弄不成，再回來，他設法把我上報中校英文教官，這是第二次我與中校官階擦肩而過，第一次是在宜蘭通校。

　　我拿了介紹信，找到葉德欣先生。他是說，目前只

有車輛集用場（motor pool）車輛調派員的缺，恐怕不太適合我，再等一個月左右，會有好的缺出來。我想想，現在有家有孩子了，不能總讓老婆來養這個家，我也不想再回去找老胡，就說：

「沒關係，就這個車輛調派員先做著吧。」

我到車輛集用場，找到洋主管，巴特勒上尉（Capt. Buttlee）。還有一個華籍調車員在上班，他叫張文豪。

巴上尉問了我一些問題，過去的簡歷等等，然後他從抽屜拿出一張上頭印有英文字的紙，翻過來，把沒字的反面朝上，像是對張文豪說又像在問我，他是要問問我，會不會寫印刷體的字母？我還沒回答，張文豪搶先亂翻譯，一面把紙翻過來，讓有字的朝上，他說：

「我們頭子要你背一段這上面的文章給他聽。」

「他恐怕不是這意思吧？」我分明聽到巴上尉是要我寫印刷體字母，我又把紙張翻過來，讓沒字的朝上，開始寫印刷體字母，abcd……，我寫得很快，寫到一半，巴上尉叫停，他說：

「好了，好了，可以了，就來上班吧。」巴上尉派我上大夜班，就是午夜十二時至次日早晨八時，每週工

作五天。他說，詳細工作去問領班，領班叫葛寧欣。我想，張文豪英文這麼爛，都可以做這工作，我為甚麼不能？我開始上班這一天，是1957年11月30日。

　　大夜班，其實比較單純，固定的幾張派車單寫一寫，也有臨時加派幾輛車子，沒事的時候，閉閉眼睛養養神，或是看看書報，或到停車場打一套健身拳，夜班待命的司機有六、七位，我叫他們沒事都去睡覺，有事我會叫他們，司機們也常和我天南地北的聊天，大家相處融洽。

　　林口基地，像個小社會，華籍員工有五、六百人，甚麼人才都有。

　　漸漸的，我從司機口中聽說了許許多多有關基地裡的種種消息與故事，他們說得最多的，就是某某被開除了，某某又被開除了。傳說是說，洋主管有權開除人，也不是隨便開除，有一個不成文的習慣，通常他會給三次警告，第一次警告，可以提出辯駁理由，第二次，第三次都是一樣，被警告的人可以提出三次反駁，如果反駁理由不夠充分，華籍員工就要走人。

　　我萬萬沒有想到，這種事情會發生在我的身上，但

是，它是真的發生了。大約在我上班四個月之後，洋主管巴特勒給我第一次警告，警告理由無中生有，我提出反駁。第二次警告，反駁。第三次又來，再反駁。總沒事了吧？他又來第四次，這已經超出不成文的習慣了。這時候，有司機對我說，是我們中國人自己壞，上白班的領班葛寧欣，連合小夜班的張文豪，要把他們的同鄉李祖明弄來兼差做大夜班，串通洋主子，把我開除，李祖明就可以進來，頂我的位置。他們中間如何利益輸送，沒有人知道得那麼清楚。

　　傳說只是傳說，我找不到有力的証據，人家不會承認。中國人自己這樣暗中內鬥有甚麼意思？我來明的釜底抽薪，我要從洋人那邊下手。我寫了一個報告給基地司令江森中校，把巴特勒四次刻意找麻煩的事實經過，寫得清清楚楚。江森中校立刻回信，他的回信不是直接交給我，由他的祕書交給華人人事主管張振華先生，（原人事主管葉德欣已經離職他就）。並且要巴特勒上尉當著其他兩個士官柯廷翰上士（Cuttingham）和史迪爾下士（Steel）的面，把司令官的回信唸給我聽。信的內容大意是說：

「我接任這個職務當時，就向我的部下宣導過，絕對不可與華人無故發生對立事故，現在事情發生在你身上，非常對不起，我正式向你道歉，希望從今以後，不再發生類似的事件。」上尉坐在辦公桌讀信的時候，我站在他對面，他的部下柯、史兩人，站在桌子左右兩端，我們三個人都聽得明明白白，他們三位，臉色都很難看，這也沒辦法，事情是他們自己引來的，不能怪我。司令官實在高明，他的信中沒有一句教訓的話，卻解決了一場紛爭，也解救了我的無理被警告，甚至於將被無理開除。

　　事實証明，司機們不是亂說的，調度室增加了一個人，就是李祖明。司機們很清楚，李祖明是來兼差的，他在台北美軍顧問團裡面，還有一份工作，也是車輛調派員。葛寧欣、張文豪和李祖明，三個人有同鄉關係，說上海話，都是由司機升上來做調派員，這三個人喜歡結黨營私，跟洋主子攀關係，尤其我們的領班，葛寧欣，覺得他自己聰明玲瑚得要命，做領班很了不起，對中國人頤指氣使，看到洋主子，自己先矮半截，美軍官兵很天真，吃他那一套，所以他就不可一世起來。這

三個人，結成一個鐵三角的三人幫，要在車場裡興風作浪了。

　　車場裡還有一組二人幫，他們是劉眾浩和雲常風，劉是司機升上來做車場主任（yard master），雲是車輛調派員。其實，這兩個人都有一點小聰明，如果肯做利人利己的事，必定對團體有益，但是，小人一旦抓到一點小權，就以為可以呼風喚雨，不得了，連走路的姿勢，都跟常人不太一樣。享受一點小特權啦，跟老美拉點小關係，串通老美來整中國人等等。要不就在家裡聚賭，引誘同事和司機輸錢給他，我會從司機們的口中，聽到這些小傳聞，我以為，司機朋友們，絕對不會比他們笨，大多數的華籍員工，其實是吃虧在語言上。

拒絕讓座引風波

　　那時候，私家轎車很少，洋兵調動頻頻，無論美國軍人或華籍員工，多乘交通車上下班，交通車有巴士和軍卡車兩種，定時定點班車，上車要亮乘車証，坐位很夠，先來先坐，乘車証反面都有說明，偶爾有一二人站位。

有一天，我已經坐下了，上來一個美軍少校，他先站在我旁邊，接著做手勢示意，要我讓坐給他。讓坐可以，但有一個前提，對方必須是老、弱、婦、孺，或懷孕婦女，一般人主動都會讓，不讓還算是人嗎？但是，現在他是一個雄赳赳的美國武夫，我為甚麼要讓。我把乘車証的反面翻過來，問他：

　　「你有沒有看過乘車証反面的說明？」

　　旁邊的一個上尉，看到這情形，就主動站起來給少校坐下，上尉站著。一個中尉看到上尉站著，中尉立刻站起來，給上尉坐，中尉站著。或許這是他們美國軍隊中階級服從的倫理行為，我不知道，我是平民百姓僱員，我沒有這種義務，我依照乘車証背面的規則乘車，有甚麼錯？

　　我確實看過有些華籍員工犯賤，他們本來已經坐在車箱裡前段的位置，坐得好好的，看到洋人往他們旁邊一站，他的屁股就開始打滑，主動站起來，到車子的後段去坐，我以為這是中國人的奴性在作怪，這算哪門子的君子風度？

　　我從前在羅家倫先生所著「新人生觀」中讀過一

段小故事，這個故事是說，過去英國人在印度上火車沒有坐位的時候，印度人是要起來讓坐位的，有一次，一個英國人上了火車，沒有坐位了，他要求一個印度人讓坐位，這個印度人不但不讓，還打了那個英國人一個耳光，奇怪的是，這個英國人並不發怒，還對印度人說，「你的行為倒像一個人。」（"You behave like a man"）。但是，我沒有那麼幸運，我遇到了有優越感的白人，他們認為，我沒有起來讓坐給美國軍人，是我的不對。

　　過了沒幾天，巴士站附近的布告欄，貼出一個布告，叫做，「美國空軍林口基地司令官函」，對象是全體華籍員工。中文是誰翻譯的？我不知道。布告的大意是說，凡是在美國空軍林口基地的華籍員工，在乘坐上下班定時交通班車時，必須讓坐給美軍人員。另外還有一張小張的簽名卡，意思是，「我了解，我必須讓坐位給美國軍人。」簽好名，繳交回去。奇怪的是，許多華籍員工，看到這個布告，反應都很冷莫，好像事不干己，甚至有人以為，這本來就該讓坐的。當我看到這個布告時，情緒的復雜，很難形容；我感到屈辱、憤怒、

悲哀、痛心、無奈⋯⋯都有。我的心在滴血要暴炸！發來的小卡片，我根本不簽名，到今天還在我手裡。

當時我最想做的事，就是立刻去探聽，這個布告是從那裡貼出來的？原來，這布告根本沒有經過我們華人的人事室，是從美軍憲兵隊貼出來的，憲兵平常也處理交通方面的種種事故，憲兵隊配合有中國憲兵，和翻譯人員。中國憲兵大多數跟我很熟，他們有英文問題會來找我，我有時也跟他們聊天，我要他們給我弄一份多餘的布告影印稿，然後把乘車証背面的乘車規則，和布告中有矛盾的地方，並列寫在一張紙上，想找一個地方來請教一下。基地司令江森中校已經調走，新調來的基地司令是個官僚軍閥，他對自己部下護短。

美國軍隊的品質，其實也是有長有短，高低不齊的，他們最好的部隊，有的派駐歐洲，有的留在國內，調派到台灣來的可能都是三四流的。我在第七艦隊所見，那是我所見過最好的軍備，艦隊司令一點架子也沒有，卻叫人蕭然起敬。林口美軍空軍基地司令，既然會貼出這樣不可理喻的布告，我當然要向他的上級請教。我把擬就的信函，請大家簽名，但是，願意簽名的人並不多，

有的已經簽上名，被人家一說，怕簽了名會對自己不利，又把已簽上的名字塗黑。我把信函掛號寄美軍協防司令部和美國勞工局，請他們解釋兩者之間的矛盾。

過了兩個月左右，布告欄又貼出一個簡單的布告，大意是說，以後基地裡的員工，乘坐上下班交通班車，可以不必再讓坐位了。

華人員工看到這個新的布告，一樣的很冷莫，但是大家又覺得，以後可以不必讓坐，也是一件很值得高興的事，對於事件的起因、經過與結果，多是非常的麻木。也很少有人再去討論了。

車場「三人幫」興風作浪

車場裡的三人幫時常興風作浪，又串通洋主管來整司機，鄒佳懷被整得要被開除，開除他的通知有五個理由，鄒佳懷的英文不靈光，他找車場裡的書記打字員John幫他做書面辯護。John的英文能力平常聊聊天，打打字還可以，要弄英文文書恐怕段數就不夠了。有人跟鄒佳懷說，你為甚麼不去找黨先生？鄒佳懷就來找我。

他把John弄的書面辯護拿來給我看，我覺得，John只是把人家開除他的五個理由重述一遍，沒有一點點要替自己辯護的意思。於是我先進行瞭解，其實鄒佳懷沒有甚麼大錯，最主要是鄒佳懷有時去跟三人幫賭博，鄒比較精明謹慎，人家沒那麼輕易的詐到他的錢，弄得三人幫不爽，進行公報私仇。

我開始跟鄒佳懷一條一條的研商討論，每一條都用中文向他解釋得很詳細，直到他滿意，然後再翻成英文。這件事從林口鬧到十三航空隊中央人事室。中央人事室主任Margaret Chiao（喬女士），是個女強人，她以為這個案子需要經過公評的審理，審理的地點在林口基地軍官俱樂部進行，由Margaret Chiao主審，林口基地派出五位軍官來旁聽，林口人事室請了兩位譯員來替鄒佳懷口頭翻譯，兩位譯員都是韓戰時去過南韓回來的。基地人事室主任張振華兄派我擔任鄒佳懷的私人翻譯。下開除令的車場洋主管巴特勒上尉（就是當初給我四次警告信，後來又讀基地司令道歉信函給我聽的同一個人。）坐在主審喬女士的左前方，他算是控方；鄒佳懷和我坐在右邊，算是辯方。另外還有軍中記者，攝影記

者，麥克風、錄音設備都有。

　　審理進行了十分鐘，兩位韓國回來的譯員，被這隆重的氣氛弄得相當緊張，臉色蒼白，嘴唇發僵，說不出話來，審理無法繼續進行。喬女士一時變通，她說：

　　「黨先生，你是鄒佳懷的翻譯，現在請你用英文替他答辯，好嗎？」

　　他的答辯本來就是我和他一條一條討論過的，由我翻譯或是別人翻譯，只要照著寫好的答辯詞來說，都是可以的。為了慎重起見，我用中文當眾逐條講給他聽，他認為對，請他點頭認可。然後我對著錄音的麥克風，條理分明，大聲辯駁。要開除老鄒的五個理由，有四個不能成立，喬女士宣佈，鄒佳懷勝訴，不能開除。車場洋主管，巴特勒上尉，非常的灰頭土臉。連帶著三人幫當然也是一臉土灰。

　　這個案件弄得基地裡的中外人士，很多人都知道，司機們開我的玩笑，說我有點像當年上海商界的紹興師爺。其實我是河南洛陽附近的鄉下土小孩，我說的英文還帶著河南土腔，我也不會說上海話，只知道阿拉是我，儂是你，別的不會了，才惹得三人幫想盡辦法要把我幹掉。

這時，人事室張振華兄，需要一位助理，想把我調去人事室，因人事室要上白天班，清早出門上班，在交通上對我極為不便，我也怕我的種種「劣跡」，日後會給振華兄帶來許多麻煩，就婉謝他的好意。振華兄希望我推荐一人，我就推荐我們車場裡的文書打字員John給他，我為甚麼推荐他？因為，John英文文書、打字都還可以，為人也少是非。但是，John並不知道是我推荐他去人事室。

棘手的洋官司

不久，車輛調派員賈震和司機胡瑞生發生磨擦，賈震報給洋主管，要把胡瑞生開除，胡瑞生找我幫忙，我也不好推辭，我深入瞭解之後，知道胡在工作上的錯誤較少，而私人恩怨卻多，實在不能構成開除的理由。這場官司，在林口基地打輸了。又上訴到十三航空隊，贏了。贏了官司，照理要給他復職，但是，林口基地司令拒絕給他復職，司令官拒絕給他復職的理由，是說胡瑞生不應該在上班的時間，跟他的主管起衝突。官司繼續

往上打，打到協防司令部，協防司令部下令林口基地，應該給胡瑞生復職。好了，可以復職了，我幫忙幫到這裡為止。然而，胡瑞生並沒有再回到林口基地，他只想把官司打贏，不想再回到三人幫的淫威之下工作。後來由十三航空隊中央人事室出面斡旋，先給胡瑞生昇一大級，暫調台中清泉崗空軍基地，並且答應他，只要十三航空隊出了缺，馬上會把他調回台北。

在此之後，我又幫郭盈田、鄧慶喻、莫伯倫、吳書寶、黃楨雲、蓋玉生等等，等等，至少二十五人以上贏了官司，這些糾糾纏纏，實在太多了，一本書也寫不完。所有的官司當中，最麻煩的是胡瑞生的和鄒佳懷的官司，最簡單的是鄧慶喻，鄧慶喻因為機車被基地裡的洋兵給撞壞，錯在對方，洋兵想耍賴，只賠他四十元新台幣。老鄧不肯，他來找我，又打官司了，後來洋兵願意賠償兩千元，就饒他了。

「余豈好訟哉？余不得已也。」

我為甚麼一次一次的出面，替人抱不平，實在是不得已。第一、訟案是由真正好興訟的人惹出來的，如果沒有不爭氣的中國人去串通洋主子來欺負中國人，哪

裡會有訟案？第二、問題出來了，人家不去找外事（涉外）處、不去找人事室、不去找法律顧問，找到我，我有甚麼辦法？第三、在我這方面，只是舉手之勞，不必求人。我心裡的想法是，希望能夠以訟止訟，讓對方輸了官司，訟案自然就會減少。

如果我把問題丟給人事室，我真的非常懷疑他們的英文能力。試舉一個例子：有一次，我把老黃的答辯辭弄好，要他送交人事室，其中有一句「I have been wronged too much.」人事室的人一看，就說：

「你這已經自已認錯了，還打甚麼官司？」

老黃很著急，匆匆忙忙又回來找我，我只好解釋給他聽，我說：

「這句話的意思是說，『我很委屈』，並沒有自己認錯的意思。」老黃才放心的又把我所擬的譯稿送回人事室，可想而知，他們的英文程度是如何的了。至於法律顧問劉純熙，他只負責在車禍時站在洋主子那一邊，中國人輸了官司，他的任務就算達到了，除此之外，基地裡的人都開除光了，也不干他老先生鳥事；他這個法律顧問，還是北大畢業的，但是，他只「顧」他自己的

飯碗，也沒人去「問」他甚麼。他還對人說，「老黨這傢伙，最愛打官司。」

那麼，外事（涉外）處又在做些甚麼呢？我們留在靠後一點再來說一說。

其實，我的所謂打官司，法律上的成份很少，以語言優勢說理的成份居多，因為這些人根本就沒有甚麼大錯，由於語言不能表達，變成有理說不清。我幫他們，都是真幫忙，更是貼錢貼時間，車費、郵資、打字、紙張、文具，都是我自己掏腰包，絕對不收分文。朋友們多數都會過意不去，有幾位在事後也來回報。像胡瑞生，事後送來一整隻火腿，那時候，一般人買火腿，都是半斤四兩的買，一整隻大火腿，真是大手筆。我太太看我一天到晚神魂顛倒的替人跑腿打官司，自家的事反而管得很少，早都很不以為然，她拿起菜刀，在火腿上出氣，砍砍切切，嘴裡還唸唸有詞，「看你還打不打官司？看你還打不打官司？」火腿多麼硬？菜刀哪裡切得動，最後還是請賣豬肉的幫忙，分塊送給親友了。

鄧慶喻離開林口基地以後，跟朋友合資開了一間小餐館，在台北火車站附近賣餡兒餅，只要我從那裡經

過，一定要拉我進去，讓我免費吃個飽，再送一包帶回家。

他們給我這麼不一樣的情與意，確實也叫我們難忘記。

但是，如果是事主本身有錯誤，這種官司我不打，我建議他趕快找律師，因為，律師才有辦法把死人辯活，把活人辯死，我沒有那種本事。我更相信的是，老天爺有眼，不是不報，時候未到。暗路走多了，自然會碰到鬼。

車場裡的幾個壞傢伙，漸漸的都出了問題。有一天我們的領班葛寧欣，在上班時間，被兩個憲兵一左一右的架著押走了，聽說是發生竊取輪胎等等狗皮倒灶的事，被司機把時間地點都記下來，他狡賴不掉了。因我上夜班，沒有看到當時的情形。從此以後，也沒有再見到他了。

李祖明得罪太多人，（就是葛寧欣想把我擠走，介紹他來兼差的這個人。）不知道誰跟他惡作劇，向葬儀社慌報說，顧問團車場裡死了李某某，葬儀社真的開來運屍車，要運李某某的屍體，從這種惡咒式的惡作劇，

就知道人家多麼恨他。

李祖明在林口基地的調派員是兼差性質，他的正職是在台北顧問團motor pool車輛調派，兼差難免會時間上不能配合，他就同我商量，要我提早接他的班，只要他付錢，我當然可以代班。沒想到，給他方便，他以為可以隨便，後來他還是兼差兼不成，最後一筆代班費，他就裝蒜不提它，其實只有三百多元，這一點小錢他也想賴，司機郭建東常去顧問團看朋友，郭願意替我討回這一筆小債，我寫了一張字條，告訴李祖明，我欠郭建東同樣的數目，請他把錢還給郭建東。郭拿到錢要還給我，我對他說：

「老郭，這錢算你的，你拿回去買些菜，給太太孩子打打牙祭吧。」

李祖明還有後話，可能是因為兼差，只顧錢，不顧命，若干年之後，得了肝癌，他本來就是休了前妻再娶，第二任太太也離婚，弄得眾叛親離，自己在病床上受折磨，誰也救不了他。折磨了相當一陣子，一命嗚呼了。（這些，都是司機傳來給我關於他的壞消息。）

現在再說車場裡的二人幫，劉眾浩和雲常風，劉

是車場主任，雲跟我一樣是車輛調派。表面上看起來，他們的行動很一致，雲有點像是劉主任的貼身隨從，心裡如何各懷鬼胎就很難說。這兩個是哼、哈二將，在車場裡橫行霸道，平常劉主任仗著很會舔洋主子的痔瘡，以為洋主子對他會特別眷顧，所以，他愛開那輛車就開那輛車，從來沒有派車單，別人不敢惹他。我若是理會他，就是太抬舉他了。不管他用甚麼車，在我班上也沒有派車單，為了避免當面衝突，我只把他用車的時間、車號記下來。有一天，他又私用車子，被洋人抓到，這混帳想拖我下水，說我沒有派車單給他。我就問他，他哪一次用車是經過我們派車員？我也告訴他，只要是我班上的，都有記錄，要不要我把記錄拿出來？他沒話說，被開除了。開除之後又去放話，要打、要殺人事室主管張振華。我聽到了，就叫老孫保護張振華，老孫孔武有力，又會功夫，他是中國陸軍支援林口基地駕駛班的班長。

又過了好一陣子，雲常風甚麼事情也被開除？我完全不知道。

好了，洋主管也調動了，車場裡的這個幫，那個

派的主力投手，紛紛中箭落馬，剩下一個次等惡人張先生，（就是我初來時，幫我亂翻譯的張文豪。）也囂張不起來了，他還常常對人說，「黨先生是我的好朋友。」

車場洋主管巴特勒，回國的時候，有司機去機場送行，他私下對司機說，motor pool的黨是好人。這大概是，「人之將走，其言也善。」不知道他有沒有後悔，當初為甚麼被魔鬼牽著鼻子走，而不去打擊魔鬼？

笨洋兵計偷保險箱　救援林口CAT空難

我有時候也跟司機朋友聯合起來，管他們洋兵的閒事。有一個星期六晚上，大約十點鐘左右，一個自稱韓球少尉（Lt. Hunchow）的洋兵，打電話要我派車到工程組，我派尹正方開中吉甫去工程組，結果是兩個空軍小兵，自稱一個叫Jack，一個叫Lee，不是甚麼少尉。他們兩個叫尹正方幫忙把保險箱抬上車。尹正方立刻看出兩個小兵神色不對，謊稱保險箱太重，要回車場叫人幫忙，Jack隨車跟來車場，尹正方用中文對我說他所見的

情形，我打電話到憲兵隊，後面要做的，是憲兵的事。不過，後來開庭審理，軍方要我去指認。他們在無線電偵收電台的禮堂審案，這個電台管理非常嚴密，每一道門都有憲兵站崗，一般人都不能進去，我是由一位少尉檢察官帶進去的，一排軍人坐在禮堂裡，我看了兩次才把竊賊指認出來。

　　我管閒事也管到基地外頭去。1968年2月16日夜晚，我上夜班，一架CAT（Civil Air Transport, 民航空運公司）航空公司的班機，在林口一個茶園附近摔下來。我們最先得到消息，空難地點離我們基地開車只有五分鐘。車場裡當時有四位司機留守，我把他們通通派到現場去救援。又打電話到憲兵隊，把所有憲兵都叫起來，只要有駕照，就來motor pool開車出去救人。中國空軍派配的駕駛班，也全部出動，連吊車也去了。這一個晚上，我們基地總共出動了六十多次人、車，而且是最早到達現場者。那天晚上幸好下著大雨，降低傷亡的程度。大家忙了一夜，個個淋得水濕，而且秩序井然，無人抱怨。我後來聽說，新調來的車場洋主管，對別的派車員發牢騷，他說我一個晚上都沒有寫派車單，而且又把吊車弄

壞。這種話真是叫人哭笑不得，請問是寫派車單要緊，還是人命要緊？何況，飛機駕駛員還是他們美國人。洋主管他不敢當面對我說，我也不管他。可見美國軍中也有這麼沒頭腦，見死不救的白種垃圾。為了參與救援，有記者報導，我們後來得到基地司令的獎勵函。

燙手洋山芋

我在林口基地，被選上主任委員，說起來很好笑，因為，事前我一點也不知道。怎麼回事呢？原來在基地外面的東南角，有一間房屋，叫員工同仁俱樂部，說明白一點，是一個餐廳，這是早先的人事管理員葉先生一手弄起來的。

那時候基地裡累積了很多廢料和垃圾，每隔一段時日，都要花錢僱人來把垃圾清運走。後來葉先生同美軍總務方面協調，葉先生對他們說，以後那些廢物由人事室處理，美方不要再花錢清運，中方如何處理，美方不得過問，但是有一個交換條件，餐廳裡的水電費由基地美軍供應。這是兩全其美的事，這麼多年來一直都

是這樣。中國人有生財之道，垃圾可以賣出錢來，又拿這錢去貼補餐廳裡的十多名員工、廚師和設備；非但如此，華人員工吃飯、喝湯也都免費，只付菜錢就行。這是多麼美好的事，可是現在有人來破壞了。破壞的人叫儲天恩，他是前任的主任委員。或許他覺得這個主任委員沒有油水，職務又挺囉嗦，就去串通洋人來把水電切斷。餐廳沒了水電就要關門，華籍員工就沒有經濟營養的午餐可吃。我因為上夜班，下了班趕交通車回家，不可能在餐廳吃過飯。但是這個餐廳每天供應一兩百人的餐食，現在面臨歇業，也不是小問題。俱樂部原先有十三個委員，其中有一個是主任委員，而這個主任委員自己做了漢奸，委員們就開緊急會議，把燙手洋山芋扔給我。我也是非常的不得已，可是人家已經選我了，只有大家開個會討論討論。開會的時候，儲天恩還在旁邊磨磨蹭蹭，我想這事情都是這走狗惹來的，真想大聲的叫他「滾！」滾字還是說不出口，我改口說「沒你的事了，你走吧。」他就夾起尾巴溜掉了。

洋人那邊要來切水電的是美國陸軍布朗中校（Col. Brown）她是個很男性化的女軍頭。要想挽救華人的權

益，只有去跟她周旋看看。

我找人事室管人事的楊柳奎去安排面見女中校的時間，楊柳奎我們叫他小楊，小楊頂替從前John的缺，John已經到中央人事室去了。來通知斷水斷電的就是小楊。本來這些事應該是小楊的事，可是，人事室管人事的已經是一代不如一代，小楊的程度自然更差了。

小楊約好面見女中校的時間是下個星期三下午，我要小楊一起去，好歹多個見證人，小楊有點猶豫不想跟我去，我說：

「小楊，不用怕，到時候，你不必開口，我來跟她談。」小楊願意了。

以下是我跟中校談話的主要內容。

我：「哈囉！Col. Brown，我是黨，是華人餐廳的管理人。聽說你要把華人員工餐廳的水電切掉，把垃圾費收回去對嗎？」

布：「是的。垃圾是美國政府的財產，水電是美國政府每月在付錢，所以應該收回。」

我：「你知道垃圾處理最原始的經過嗎？」

布：「對不起，我不知道。」

我：「我來說給你聽。當初基地裡很多廢物垃圾無法處理，基地司令官委託人事室葉德欣先生，花錢找人來清除垃圾。葉先生當時跟司令官談好，美國政府不要再花錢清運垃圾，但是必須供應華人餐廳水電做為交換條件，至於垃圾如何處理，也請你們不要再管。中國人有辦法把垃圾賣一點錢，做為餐廳裡的一點福利，讓員工中午有經濟營養的午餐吃，提高工作效力，為美國政府做更好的服務。現在到了你的這個階段，要把一切權益收回去，這是非常不夠朋友，不講道義的事；而且你們基地雖然省了水、電費，你將會要花更多的錢去清運垃圾。」

　　布：「這件事，我不能單獨一個人來作主批准。」她開始推辭。

　　我：「你是中校階級，在戰場上作戰的時候，你至少要指揮一個營的官兵，戰況隨時都會變，你要隨時下達命令，現在這麼小的事情，你說你不能作主，這是不負責任的說法；何況這個案子是過去的司令官批准過的，不需要再重覆批准。」

　　布：「這樣好了，下星期三下午，同一時間，我把

其他幾位主管都找來，你再來向他們說說明白。」

　　我：「好吧，下星期三再見。」

　　我跟布朗中校對談的時候，楊柳奎一直站在旁邊聽，他能聽懂幾成？我真的很懷疑，我們怎麼能指望這樣的「人事室」來操控高品質的「人」與「事」呢？

　　到了星期三下午，我提早到人事室去找楊柳奎，我還是要抓他一起去，不是靠他來壯膽，而是多一個見証人，免得像法律顧問劉純熙這種走狗，又來說閒話，說我好事，愛吹牛。

　　我進到人事室，楊柳奎一看到我，很高興的說：

　　「黨先生，不必去了。布朗中校已經說好，不會切斷餐廳的水、電，從前怎麼做，一切照舊了。」

　　俗話說，天下本無事，庸人自擾之。

　　我是聽說過，美軍單位經常有些要求部屬節約的宣導與獎勵，獎勵兵員多所節約，誰要是能想出節省財源的辦法與計劃，會得到某種程度的獎賞。

　　因此，就有人動起收回垃圾，切斷水、電的餿主意。事實上，無論中外，只有特殊的少數人可以在垃圾中討生活，洋婆子若是真的把垃圾收回去，她惹的麻

煩可大啦。這種損人不利已的缺德行為，只有劣等漢
奸加上沒大腦的軍頭才想得出的鬼主意，女軍頭碰上
儲天恩，那是絕配了，結果，把我扯進去，大家都白忙
一場。

Kelly，我懷念的美國友人

基地裡各單位的美國軍人不斷的調動，司令官也換
了，我們motor pool調來一個洋主管叫凱利（Kelly）凱
利是空軍上士，官階不高，但是品格很好，在他身上看
不到白人的驕傲與優越感，而且他很喜歡中國文化。

凱利跟中國人相處得非常融洽，看到我在上班，
他常來跟我聊天，他是我唯一帶回家請他吃飯的洋人。
（他只吃一樣東西，就是我太太自己醃曬的鰻香，其餘
甚麼都不吃。）

凱利非常公平講理，誰想拍他馬屁也沒有用。他要
把我昇上去做調派員領班，我謝謝他的好意。因為，我
已非常習慣夜班生活，上早班除了交通問題，時間方面
會被切割得很零碎，我在台北還兼了一個差，做領班對

我毫無意義。凱利要我推荐領班人選，我推荐倪先生，大家叫他Robert。並不是因為Robert如何有才幹，是因為他年輕，又有一點流氣，壓得住一般愛搞蛋的傢伙。凱利在車場待了一年多，這一年多是我們motor pool最寧靜的日子，可見事在人為，有了高品質的主管，中國人也可以不內鬥。凱利是我最懷念的美國朋友。

Robert做了領班，大致上還好，因為年輕，愛玩，花錢多少會過了頭，手頭緊，又有一點小權力在手上，難免出問題。他腦筋動到我頭上，他知道我白天有兼差，就想威脅我，也不是很明目張膽，他只是很不痛快的說：

「這個……你在外面兼差，我給你調白班哦。」

「要調，你調，調白班，我晚上兼差。」我只要能夠準時上下班，誰想叫我送紅包，我不吃這一套。

有一天，我的腳踝扭傷，要請假，Robert未事前通知，突然跑到我家來，我太太開了門叫我，我一拐一拐的從房間走出來，果然是真的扭傷，他坐了一會兒，走了。做主管或領班，對傷、病員工的關心，其實只要適時的一通電話，就不會有「意在言外」的聯想。

即使不兼差，我也有很多業餘的事，有時，我翻譯四書。有時我編寫英文習慣語辭典。我以為，中國人學英文，最大的難題在習慣語，你單字記得再多，文法也懂，但是，習慣語是沒有文法可循的，一個單字在一組習慣語中，已經不是原來那個單字的意思了，這沒甚麼道理好講，只有死背，背得越多，運用越靈活。這個習慣語辭典，中型的活頁紙，我已編寫一千頁。當時的文豪出版社，謝去非先生，說好要幫我出版，很不幸，他的家庭出了悲劇，某個週末，他們全家出遊金山海水浴場，謝夫人被浪濤捲走，直昇機協尋，沒有一點蹤影。這個打擊太大，謝先生從此無心生意。我的辭典也就閣在那裡了。

　　此外，我寫了一篇叫做「如何能使天下平」的稿子，也把它翻譯成英文，這些，都花我很多時間。我太太是個义學書刊的雜食者，甚麼書她都看，對我所寫的東西，她不以為然。她說，不會寫文章的人，才會去寫那麼大的題目，人類既不能從歷史中得到教訓，戰爭是周而復始的，呆子才相信世界會有永久和平，多讀歷史就知道了。愚夫婦爭吵辯論是為這些問題，非關菸酒，

非關女人，也不關金錢的事。她是個自我積極的人，對世事她以為不易掌握，我是不可救藥的樂觀主義者，愚夫婦悲天憫人的胸懷是一樣的。

那一代不幸的台灣少女

像Kelly這樣的美國軍人真是少之又少，是萬中不得一的，大多數的美國士兵，一喝了酒，比禽獸都不如。那一代的台灣少女，真是很不幸，有不少條件不錯的女孩，都做了不肖洋兵的性奴隸，不知道她們自己是怎麼想的。許多女孩，千方百計想和美兵交往，白的，黑的都行，只要能掛上一隻多毛的臂膀，就感到無限光彩了。有些鄉下女孩，為了父母、家人，犧牲色相，出賣靈肉。那時候，所謂的賓館、茶室、妓院、招待所如雨後春筍。生下許多不同膚色的美軍棄兒，美兵調動，一走了之，給台灣留下許多社會問題。（美軍所到之處，日、韓、越南都有同樣情形。）

我曾經看到，每當我們基地裡有甚麼派對活動，很多穿著時髦的女孩，在基地外頭，徘徊等待，等美國士

兵帶她進去，夜晚就在草地上滾滾滾，她們的父母哪裡會知道這些情形？就算知道了，又如何？

基地裡有不同的官兵俱樂部，週末假日請來各種不入流的歌舞團來表演，所謂的表演，不過展示大腿而已，更有甚者，士兵俱樂部也請過非常下流的「歌舞團」去表演色情，據說其中有以一幕高朝戲來做壓軸的。有司機去看過了回來跟我們說，他說，台上的表演者沒有穿衣服，由主持人把小冰塊塞進表演者的陰道，冰塊遇體熱融化了，然後邀請台下的洋士兵，有勇氣者立刻上台，當眾用嘴巴去接喝從女子陰道流出來的冰水，這一刻，台上台下瘋狂叫嘯，這就是「歌舞團」最精彩的高朝演出。如果不是有司機去看了，回來學給我聽，我怎麼會知道有這麼不人道的事情。請問，中、美軍方，有多少人過問這種事情？再請問，這些「表演」的女子，如果是觀眾的妻子或女兒，還觀賞得下去嗎？難道說，別人的妻女就可以拿來做玩物嗎？

還有一個在飲食部的華籍女侍應生，也兼做人肉生意，她對司機說，她的樂趣是在比較黑、白性器官的優劣與大小，據她跟司機描述，黑者略勝一籌，簡直無

恥。司機沒事的時候，就說說這一類的黃色笑話，大家嘻嘻哈哈。

這些恐怕都不是新聞，要鬧了人命才算新聞。有些女孩遇上洋色狼，有苦無處訴。報上也登過，一個有性虐狂的洋兵，把他的華籍女友，脫衣捆綁凌虐致死，這個案件當年發生在台中。而在台美軍因有法律上的豁免權，中國政府還不能審判他。

民國四十六（1957）年，劉自然的案件也是一樣，美國軍人雷諾槍殺了華人劉自然，還說是劉偷看他的太太洗澡。其實雷諾是不肖軍人，他從顧問團走私物品外賣，劉自然做這生意，兩人之間可能因財務糾紛擺不平，雷諾擁有槍枝，槍殺了劉自然，而中國政府不能審判他。據說兇手後來是由美軍方面，選在黑夜，把汽車蒙得黑黑的，偷運出境。劉自然是我太太同班同學的親舅舅，那時我們因在同一個車站等車，我們都看到過這一對劉氏夫婦。

在日本，美軍犯罪，由日本政府審判，美軍也只有乖乖的接受。為甚麼美軍在台灣殺了人，鬧了人命，台灣政府不能判他？一個國家，還有甚麼國格可言？

反過來，如果我們華人在美國，不要說殺了人，即使只是其他任何有損美國人民權益者，就會引起反華情緒高漲，美國是最愛講人權的國家，這樣的雙重標準，如何解釋？

為華籍員工爭取退休制度

我從民國五十五年十月（1966）開始，以全體華籍員工名義，向美國國務卿魯斯克建議，促請美國政府，儘速改善在台美軍基地華籍員工待遇，並建立華籍員工退休制度。

建議書發出不到兩個月，正好魯斯克要訪問台灣。這只能算是時間上的一種巧合，美國國務卿要去哪裡？只有美國政府內部才知道，遠在天邊的外國老百姓，更是一無所知。我不知道台灣的治安單位，為甚麼把它連在一起？首先是台北市南區憲兵隊便衣憲兵李保全到我家來找我，那天我有事外出，我太太生產最小的這個孩子，在家做月子，由我太太接待他。李保全問我太太，知道不知道你先生最近做了甚麼事情？我太太說知道，

他為華籍員工寫了一個建議書，建議美國政府，替華人員工建立退休制度……。接著，新店警察分局派人到我家來找我。管區派出所林警員來我家找我。聯勤外事處安全室主任也來找我。美國大使館安全人員也找了來。新莊警察局派人到林口基地找我。林口警察派出所警員也到基地找我。滑稽的是，我一個也沒有碰到，因為，他們找我之前，都沒有通知。有可能是，他們來基地找我，我在家裡，他們來家裡找我，我又去上班了。

魯斯克來台灣訪問過又走了。跟我一點關係都沒有。事情沉寂下去，警方不再找我了。事後只有一個人打電話到我家找我，他是我們基地的法律顧問劉純熙，他在電話裡說風涼話，他說：

「老黨，你寫的那個建議書，不好。」

「請你老兄寫一個好一點的怎麼樣？」

「我不能寫這種建議書。」

「你說我寫不好，請你寫一個好一點的，你又不寫，你是甚麼意思呢？」

「我的意思是你寫得不好，沒有別的意思了。」

「你不寫，我寫，弄成了，你也是受益人之一，你

說這種無聊的風涼話，不是漢奸，就是走狗……」

「老黨，你怎麼罵我？」

「罵你，算輕。我還要揍你！」拍！我給他摔電話。

以後劉純熙在基地裡看到我就遠遠的躲開。我也對大家說了這一段，聽到的人都很憤慨，個個磨拳擦掌要揍他。可見有正義感的，還是大有人在。

我建議建立退休制度，為全體華籍員工，也為我自已。台灣中華民國政府，公教人員的退休制度，也在這一年十二月三日公布了，內容甚為完善，包括退休金、保險金、因公傷殘撫恤、疾病照顧、眷屬補助、眷舍配給等等，我有詳細數據，此處從略。而我們為美軍服務的華籍員工，只有一份乾薪。出了問題，沒有人管。有司機出車禍，傷到自已，不能上班，就完了。撞死人，開除了事。再說，一個人，不會生病嗎？不要住房嗎？沒有家眷嗎？不會老嗎？所以建議建立退休制度，刻不容緩。這些事情，本來應該要由外事處和中央人事室合作來規劃，他們不做，置全省一萬餘人華籍員工的前途與安全於不顧，讓他去自生自滅，他們是多麼的不負責任？據我所知，外事處在黃仁霖將軍總司令任內，很

有作為，後來一代不如一代，甚至還眼紅華籍員工的薪水比中方軍、公、教人員薪水高，為甚麼還來爭取甚麼退休金？其實，真正薪水高的，只有中央人事室那一幫極少數的幾個人，他們當初定薪水時，就把自己的起薪定得很高，至少是一般其他單位的兩三倍，等於壓低他人薪水以自肥，又替美方省了錢，美方何樂不為，當然願意付給中央人事室少數幾個人高薪了。中央人事室只有十人左右，全省各單位華籍員工約有一萬五千人，看看這一小撮專舔洋痔瘡的馬屁精多沒良心？還自以為接近洋人核心，高高在上，自鳴得意得不得了。他們替華籍員工做甚麼事了？等、因、奉、此而已。他們看到我出來爭取退休金，是抱著看熱鬧的心態，看看這個大傻瓜，表演甚麼把戲？爭取到了，他們獲利最多，爭取不到，就像劉純熙這號走狗一樣，說說沒心肝風涼話。

我偶爾會到中央人事室轉一轉，因為John是我推荐給人事室，後來他調到中央人事室，我每次去，都是去看看John。如果，我沒有推荐John去，他的職務就會是我的。那麼我在中央人事室好不好呢？一定不好嘛，他們這些人都在等著撿現成的，我在他們中間，我所

做的事情，會把他們嚇死，他們一定聯合起來，先把我幹掉，這只要用腳趾頭想都可以得到結論的。所以，幸好，當初我沒有選擇去人事室。

1971年我又向美國國務卿上建議書，內容相同，結果也像上次一樣，沒有下文。

美國白宮委託美駐台大使館寄來感謝函

1972年4月30日，我又寫了一個建議書，這一回主要是寄到美國白宮給尼克森總總，在此之前我已先寄了一份我自寫自譯的《How to make the world no more war》給他，這不是瘋子嗎？我這個呆子，還是相信，會有世界大同的一天。

台灣仍在動員戡亂戒嚴時期，郵電控制很緊，我的信件怎麼會漏綱出去呢？為此我感到興奮不已。

白宮委託美國駐台大使館給我回函。來函非常簡短，大意是說，尼克森總總收到我寄贈的作品，並感謝。

這時中美外交已經大逆轉，台灣退出聯合國，尼克森總統就要前往中國大陸訪問，一般判斷，不會太久，

美軍顧問團就要撤出台灣。

　　我這一次所寫的建議書，比較充實，最重要的還是只有兩點，儘速調整華籍員工待遇、建立華籍員工退休制度。我已經透過管道，取得日本美軍基地日籍員工的待遇及退休制度數據。我把這些數據與中華民國公務員退休辦法，並列在建議書上，隨便美方比照任何一種，我們都會接受。依照日本的退休辦法，數目可是驚人，數據太多，不便在此例舉（我在1970年取得日本美軍基地日籍退休人員退休金資料）。簡單的說，日籍同級員工的月薪是我的九倍。退休金，年資二年以下者，月薪加上月薪的1/12後，乘以年資月數；二年以上五年以下者，月薪加上月薪的130%除以12，再乘以個人年資月數。

　　工作年資越長，待遇及退休金遞增。我當然希望能比照日籍員工辦理。但是，這種制度一開始就要建立，合則來，不合拉倒。美方自然會從戰略利益去考量。日本美軍基地有專門培訓人才單位，日方培訓好，推荐給美方，被開除了，給錢走人。美方要人，培訓單位再推荐。再推荐來的，還是被開除的同一個人，愛用不用，隨你便。人家日本政府是這樣的在保護自己的人民，

才不會造成，人為刀俎，我為魚肉。日本政府在移民方面，也有「一套」。聽說，早年日本人民移民巴西，都是一組一組，先組裝好再移出去，一組裡面，男女老幼甚麼人才都有，移出去就能落地生根，當地人也不敢欺負他，因為有自己政府在後撐腰。或許有人說，這是日本一貫的侵略政策。那我先要問問，你要不要移民？到今天，我們兩岸中國人的移民，還停留在單打獨鬥的階段，走到哪裡，都被欺負。大陸人民，想要移民，難度太高，冒險偷度，被人蛇集團剝削，浮屍海上。港、台移民，又揣著巨額美鈔，投奔異邦。哪一種移民方式比較好呢？我們這一代吃過日本大虧的中國人，誰不恨日本人？不能因為恨他，人家的優點也通通恨在裡面了。我們可不可以，只學習人家好的移民政策，而不去學習他們的侵略心態？我相信，受過中國文化薰染的人，無論移民到哪一個國家，都不會有侵略的野心。

爭取退休金建議書　引來中（台）、美官方關切

　　這一次建議書，還是中文、英文兩種。中文的，我

印了一萬五千份，希望所有員工人手一份。英文的，打了一百份。寄給中、外各有關單位和中外重要媒體。所引來的風波自然是更大了。

首先是外事處專員魏金廷先生來我家，第一句話就說，「老黨，你大幹起來啦？」然後問我這些印刷品在哪裡印的？並且逼著我帶他去那家印刷廠，把鉛字版弄亂消毀。（那時還沒有電腦排版。）其實，印好的，我已經拿走，很多已經發出去了。

又過了幾天，外事處的賀紹文科長、駱劍魂科長與劉建中中校，三個人帶了三瓶竹葉青和許多滷菜，來我家聚談。他們要我改天再多約幾位林口美軍基地的華人同事，在林口民眾服務站開會餐敘。開會時又增加一位劉主任。，我還是說同樣的話，這些事情本來應該是外事（涉外）處早都應該要去做的，外事處沒有去做，還來打壓，實在不應該。劉主任說，他能夠諒解我對大眾服務是好意也辛苦，但是，外事處也受到某些壓力，他也希望我能諒解。開會歸開會，對事情沒有幫助也沒有進展。

因為事情鬧得滿大，我的兼差也弄丟了，人家不敢

用我了。

有一天，賣餡兒餅的老鄧警告我，他說，他有朋友在警備總部工作，聽到消息，有鷹犬在跟蹤我，人家想把我抓起來，但是，師出無名，又怕把黨某人抓了，一萬多人鬧起來，不好收拾。

我說，我不怕。第一、我沒有犯法。第二、我是公開的為公眾爭取合理的權益，沒有結黨營私。第三、我沒有糾眾滋事。第四、沒有使用暴力。把我抓去，我也無愧。

管區派出所林警員，真的到我家來找我，但是，他不是要來抓我，他說：

「黨先生，我今天來是有公事。」

「哦，甚麼公事？」

「『上面』要我來要你寫的《如何能使天下平》的中文書稿。」

「可以呀，既然是公事，我們就公辦，書稿是我私人的財物，你寫一張借據，說明使用多久，我就借你。到時候沒有還回來，我就告你侵佔我的財物，你要賠償。」

「你的書裡面寫些甚麼東西？」

「多半都是一些發揚中國文化的想法。很快就會出書，等印出來，我送你一本。」

林警員平常我們都很熟的，不來家裡查戶口也常在路上碰到。他聽我這麼說，沒有堅持要拿書稿，也沒說「上面」叫他來要，指的是哪「上面」？

我心裡是滿納悶的，我已經寄出去的是建議書，他們不來看看我寫的建議書，為甚麼要看與建議書無關的東西呢？這不是頭痛醫腳了嗎？

又一次，我遇見林警員，他說，「黨先生，我真是很為你抱不平。」他沒多說為甚麼抱不平？我也沒多問，大概總是指警方對我的誤解吧。

這時候，美軍各單位華人，很多都知道老黨在替大家爭取退休金，花錢都是自己掏腰包，很是過意不去，有人發動募捐，中部、南部地區，都有人拿著捐款名冊，把錢送到我家來，而我根本不認識這些人。我也看到我們基地裡的同事、司機朋友像涂國華、丁超、牛子萍、蔡季蒼等很熱心的拿著名冊，要人家三十、五十的樂捐。陳篤行那個單位一共只有八十人，卻送來了四千

塊錢，我都跟他們講，不必再捐了，實際上沒有花很多錢。但是，我可以確定的說，沒有一毛錢的捐款，是來自中央人事室。

這一年，九月中旬有一天，我接到通知，說是星期天早上八點鐘，有美國空軍海外特別調查員布萊德雷（Samuel T. Bradley, special agent, OSI u.s.）及助理泰特（Philip Tate）要和我約談。我帶了該帶的文件，準備到時候等他。約談地點就在我們調派室隔壁的休息室，裡面有一張桌子和兩把椅子。那天我仍然是大夜班，八點鐘下班，我在辦公室等了一會兒，八點十分，兩個洋人來了，一個黑人，一個白人，黑人就是布萊德雷。他叫我坐在他對面，他的白人助理站在桌子旁邊。開始時，他像法官審問犯人的語氣問話，以下是當時對話實錄：

布：「黨先生，建議書是你寫的嗎？」

我：「是的。」

布：「你知道不知道寫這種建議書可能會受到開除的處分嗎？」

我：「你們美國人最喜歡拿開除來威脅中國人，這種威脅對我沒有用。你今天把我開除，我明天就會找到

工作，賺錢不會比這裡少。」

　　布：「寫這種建議書是一件很辛苦的事，你不怕辛苦嗎？」

　　我：「不怕辛苦，這是對華人同胞的一種服務，我喜歡為大家服務。」

　　布：「那麼，南部地區的資料，是南部的人送來的，還是你自已去拿的？」

　　我：「他們送來的。」

　　布：「這很辛苦，你真的不怕辛苦嗎？」

　　我：「我不是說過，我喜歡為大家服務嗎？這只是小的服務，還有更大的服務，你看到了會嚇一跳。」

　　布：「哦！」（表情驚奇，眼睛睜大看我。）

　　我從皮包中取出白宮交代大使館寫給我的謝函給他看。

　　布萊德雷看了謝函，態度開始轉變。而且站起來說：

　　布：「你把這封信給我好不好？」

　　我：「這是給我的，怎麼可以給你？你想要，可以拷貝一份。」

　　布：「我的意思就是拷貝一份。」

我：「我答應給你，但是，台北拷貝一份要台幣十塊錢，美金兩毛五，不是我小氣，實在是太窮啦，請你自己去拷貝。」

　　布萊德雷點頭，表示願意自己去拷貝。我接著說：

　　「布萊德雷先生，我有一些問題想向你請教，假設你做你現在的職務，幹了很多年，薪水本來就不高，要離職，又沒有退休金，請問，你們全家怎麼活下去？在日本，為美軍基地服務的日籍員工，他們的待遇，比我們華人員工高出八、九倍，他們無論停職、開除、退休，都有一筆錢，可以保証生活；中國人為你們作同樣的服務，為甚麼沒有得到同樣的待遇？希望你這次調查回國，馬上建議上級，給我們調整待遇，並且建立和日本一樣的退休制度。」我說話聲音很大，越說越激動，早都已經站起來，用手指著布萊德雷，他不斷的把上身往後仰，怕我的手指會點到他的頭上去，而且，他也點頭，表示贊同我所說的話。談話到此結束，我把大使館的謝函交給他，介紹他跟我們領班認識，請他拷貝好了，把原件交給領班轉給我。

　　布萊德雷和我一起走出調派室，要離去時，笑著再

三同我握手，表示感謝。

不管未來的情況如何改變，從調查事件中，我見識到美式的民主風度。

這時候，外面有二十多位工程組來加班的員工，等在那裡，要聽消息。看到我和調查人員又說又笑的握手而別，他們才放心的說，老黨把老美給擺平啦。

其實，無所謂擺平，老美辦事乾脆，他一看，就知道，事情很單純，而且又有白宮下達大使館的感謝回函，布萊德雷可以回去交差了。

一個多月以後，薪水小調一次，這跟此次調查有沒有關係，我不知道。至少，美方在調查的態度上，我可以接受。

（若干年之後，我來到洛杉磯，新聞上看到洛市市長布萊德雷的照片，覺得面熟，再三回想，原來是同一個布萊德雷是也。）

少將楊處長　落荒開溜了

又過了半個多月，就在同年十月，有一天，外事處

賀科長、駱科長和劉中校，他們三位又帶來酒菜，來我家餐敘，並且約我星期四到南港聯勤總部外事處見見他們的處長楊棄智。（就是當年在八十軍我幫他買文具的那位楊少校。物換星移，此君登龍有術，二十年以後，已是外事處少將處長。）我依約前往，這個新蓋的聯勤總部大樓的建築，相當龐大，我是第一次來，初看好像都是一幢幢四層樓的建築，四周圍了高高的圍牆。

外事處在裡面，像個大衙門，外人不能隨便出入。無論要見甚麼人，先到服務科。

服務科是在圍牆外頭的一間二層小樓房。

我進去向裡面的職員打招呼，一位先生跑來很親切的抱住我，說，「老黨你真行。」接著又敬菸又倒茶，兩人隨便聊聊，也未請教他的尊姓大名。

然後一位少校帶我從一道「小門」進去，七彎八拐，我跟著他走，外事處到了。

客廳裡賀科長、駱科長、劉中校都歡迎我。

有請處長，楊處長出來了，二十年不見，雙方似曾相識，只是此君奴顏未改。他尷尬的笑笑，第一句話，他先打了一個中式的官腔：

「老黨，你怎麼老給我們外事處找麻煩？」

「你這話說得不對吧，我是替你們外事處在辦事情，怎麼說是找麻煩？你現在是少將處長，官階不算低了，在你的位置上應該幹的職務，你完全不清楚。所有華籍員工的待遇問題、福利問題、退休制度問題，都應該由你所掌管的外事處來負責，你沒有去做，我來替你做，你自己的職務是甚麼？你都不知道，你這個處長是怎麼當的？」

「老黨，退休制度哪裡是那麼容易的事？」

「容易不容易，總得去做才行，當初要不是國父奔走革命，今天我們不是都還留著辮子嗎？你說對不對？」

楊處長無話可答，很尷尬的楞在那裡。站在旁邊的，他的部下，四員大將，異口同聲的說：

「黨先生說得對！黨先生說得對！」

「老黨你們大家聊一聊，我還有別的事。」

楊處長落荒逃走，留下我們五個面面相覷，估計他已經走遠，我們五個忍不住狂笑起來。這樣的見面結果誰也想不到，後面看樣子也不會有任何發展。只有繼續

笑著，笑著，他們一起送我來到有憲兵站崗的大門，並說改天再敘，我與他們一一握手而別。

為了員工退休問題，我見到了中、美兩方有關的高階官員；布萊德雷為這件「小事」從美國飛來台灣，親自來到基地，實地瞭解；而我們中方的有關官員，卻是要我去他們的衙門，拜見他們。真是所謂另類的「事在人為。」

從此以後，我沒有再見到少將楊處長，倒是聽到一些關於他的消息，楊處長他老兄又昇官了，昇上某署的署長，新官上任的時候，把外事處處長室客廳裡的一套沙發，帶去做嫁妝。新處長來了，又叫人去把沙發搬回來。這一則笑話，在我看起來，沒甚麼好笑，他老兄當年官拜少校連絡官的時候，就把公用的碗、筷和燈泡拿回家了，如今官拜少將署長，搬一套公家的沙發，有啥稀奇？

垂死前的掙扎

尼克森已去過中國大陸了，美軍撤出台灣勢在必行。

我在1975年8月20日，向國務卿季新吉寄建議書。10月向蔣經國建議。說的都是同樣的事情。應該算是垂死前的掙扎吧。

美方決定，林口基地將於1977年3月關閉，我從1966年開始爭取退休金，前後歷經十年，比中、日八年抗戰的時間還要長。

基地關閉前已經聽到消息，所有華籍員工一律遣散，年資滿一年以上者，可領月薪三分之二的遣散費，這個數目乘以工作年數，就是每個員工所得的資遣費。我在林口基地前後工作十八年半，領得一張十八萬兩千元新台幣的支票。（約合台灣中華民國政府退休福利金的1/4、日本美軍基地日籍員工退休金的1/13）好像在寒冷的冬夜裡，被人施捨半床破棉絮，連我自己都蓋不暖，更別說家人親眷了。

基地關閉以前，由美方在基地的室內籃球場舉行惜別餐會，贈送年資銅質獎牌，太多員工向我敬酒。那個領高薪、一毛不拔，還說我建議書寫得不好的法律顧問劉純熙，閃閃躲躲，沒人理他。又聽有人悄悄的暗中傳言，要打死這個漢奸！把他嚇得屁滾尿流，不敢多所停

留，瞬間趁隙溜走。劉純熙還有後話，聽說他有幾棟房子，跟太太離婚，也是一毛不拔。十多年前還去喬家才那兒借錢，喬氏夫婦告訴我，一借就借三萬，不過人家也沒借給他。等我再聽到他的消息，怎麼就死了。以台灣法律，這種沒有親人兒女的，再多財產都是充公。我們本來不想在此浪費筆墨，但是，他的一生與下場，對世人有所殷鑒，故而又帶上數語。

我之所以兩肋插刀走天涯，我能夠理解的有三點，第一、我可以在不求人的情形之下，替我們華人同胞爭取應得的權益，沒有貪心過分，只希望比照本國公務員或美軍日本基地日籍員工退休辦法，二者任選其一，建立合理制度。第二、進行方式，都是在文字上溫和的說理與建議，沒有糾眾滋事或粗暴行為。第三、這是富國利民的壯舉，華籍員工在生活上有了安全保障，自會減少社會問題，也是替國家爭取巨額外匯，何樂不為？我不能理解的是，中方的有關單位，連美軍在基地裡搞色情，都視若無睹，不去調查，對我光明正大的為同胞爭取權益反而不斷的騷擾打壓。起先我以為，是不是台灣政府接受了美援，其中有甚麼黑箱作業？因而，拿人

家的手短，有了難言之隱，只好拿善良百姓的利益，來做犧牲。最近我讀到王作榮先生的自傳《壯志未酬》，其中許多篇章提到當年美援的運用。據書中所述，1968年，美援已經接近尾聲。那麼1968年之後，我所推動的建議書，應該與所謂的「拿人家的手短」無關了。那時候，美國只是政策要變，還沒有真正撤腿要走，中方還有籌碼跟他談，由外事處聯合中央人事室，登高一呼，我們在旁協助，名正言順；或是，政府可以不出面，只要背後支持，由我們民間設立一個委員會去爭取，即使不能爭取到像日籍員工一樣高額，比照中方公務員退休辦法，也算合理。但是，這兩個單位，噤若寒蟬，對我個人，處處打壓、嘲笑。我曾經聽到編譯官訓練班第一期學長張先生說，原先美軍顧問團願意付給編譯人員的薪水是，不論階級，每人每月一律300美元，但是，中國政府做決策者反對，反對理由是300美元太高，會影響台灣經濟，後來縮減成數百元新台幣，不到美金20元。因此若說中方政府決策單位在犧牲老百姓，慷他人之慨，是有跡可循的。美軍方面，人家能省錢，為甚麼不省？中國政府錯失先機在前，一盤散沙不合作在後，

我一個人，再怎麼奔走呼喊，也是徒勞了。

「華人僱員核心」封鎖移民消息

　　中央人事室，所謂最靠近高層核心的一小撮人，右手拿了遣散費，左手開始著手向美國辦移民。但是，他們封鎖消息，請大家不要告訴大家，反面的意思，也就是，請大家告訴大家，你想想，這麼大的事情，牽涉這麼廣泛，消息怎麼可能不走漏？政府有關單位當然也知道，只是，在當時尚未解嚴，有役男問題，不贊成老百姓移民，因此，一起封鎖消息，不封鎖怎麼行，一萬多人，加上配偶眷屬，這個移民朝，中、美雙方都會承受不起的。

　　有人在辦移民了，消息悄悄的，慢慢的，滲透出來。先辦者沾沾自喜，覺得自己很有辦法；後辦者頻頻探聽，彼此互相叮嚀，不要說出去哦！其實人性是最愛傳播祕密的，不說出去的事情，一定會說出去，但是要等我先辦好了才說，免得你影響到我。

　　在台北市區上班的單位，消息比較靈通，我們林

口基地的慢一些。第一個把消息告訴我們的是陳篤行先生，（我寫建議書，收到他負責捐款最多的一筆。）有一天，他從桃園中正國際機場打電話到我家，我已經在一家金屬貿易公司上班，我太太接的電話，陳先生說，「你們有資格可以辦移民，我要走了，就要上飛機，請轉告黨先生，我跟他辭行。」另外有一家，是女主人幫全家辦移民的，也要走了。我太太認識他們全家，我也知道這位太太是某單位的，她也聽說過我的許多「劣跡」，彼此沒有交往，我太太沒有向她們探聽辦移民的事，探聽也未必會獲得告知，我太太說，他們的態度非常神祕曖昧的。

也有幾位，昔日的同事，會找到我上班的公司來，請我幫他翻譯信件或是填寫移民表格，我還是像從前一樣，為他們服務。有一次，我問，你這移民，怎麼回事？對方只說，是許多人一起辦的，可能也被叮嚀過，不要把消息說出去，我也不再多問。

美國和中共的外交熱絡起來，中（台）美就要斷交，移民的事，辦好的，已經走了，未辦成的停頓在那裡，甚至於沉寂下去了。

巳出國的朋友，有幾位跟我保持連絡，聖誕節也寄來卡片問候，像陳篤行、涂國華、趙自霖、張當振、趙鳳祥等都有信件來往，他們建議我，何不移民美國？也告訴我一些如何去辦的資訊。

　　我正在進行另一出國機會，不是去美國，我的一位老朋友，他的親家在沙烏地阿拉伯包工程，需要七、八十人，初步商議請我當總管，幫他招募，我想，林口基地很多同仁都失業在那裡，我可以做這件事，比我自己去美國，有意義得多。但是，工程公司很快變更計劃，我只把蔡季蒼推介去沙烏地。從前三人幫中的一員張文豪，不知道從那裡得到消息，他來找我，如果有機會去沙烏地，他也要加入。我自己都去不成了，就不談了。

　　移民美國，我也不積極。涂國華、趙自霖、張當振，他們幾位，還是覺得，老黨為基地裡的同仁，做那麼多事，為甚麼沒有出來？他們都很過意不去。

　　大約在1985年冬天，趙自霖回台灣，特別到我家來看我，並送來基地司令官的地址，他要我寫信跟司令官要推荐函，有了推荐函，就可以開始辦了。據老趙說，我們這種移民，叫特別移民，不受名額限制。老趙的熱

情可感，我就寫信給司令官。司令官很快的寄來推荐函。現在要問問家裡的每一個人，看他們的移民意願。大兒子巳經從政大會計研究所畢業，他說，他出國的辦法多的是，不要靠老爸辦移民。好！這小子有種！不管他了。老二，女兒，在某公司畫卡通，工作穩定，有固定男朋友，對突來的移民，意願也不高。老三、老么，有兵役問題。我太太，也不靠我，她在1955年前後，美國很缺護理人才的年代，她的同學，就要幫她申請。之所以沒有去，起先是要照顧她年老的父親，後來結婚，生了孩子，移民的事就作罷了。算來算去，要移民只有我一個人去移。我已是坐六望七的年紀，背井離鄉，也需要很大的勇氣，總覺得，這麼大年紀，移民美國，合適嗎？

涂國華又來信，「黨先生，趕快去辦，你來美國，先住我家，由我招待吃住一個月，以後找到工作，隨意補貼一點。」老涂這個人，多夠意思，而他自己還在外頭打零工。

不肖新移民「回游金光黨」

　　正在這時候，發生了兩椿騙局。較早移民美國的老王，回到台北，他來看我，我請他吃飯，他知道我在辦移民，就說，像我這種案件，在美國辦，七百塊美金給律師，很快辦妥，錢交給他，他願意為我辦這件事。我從來沒有托過他，我說要打電話問問。一問之下，才知道沒這回事，我們這種案子，在台北的在台協會辦，與美國國內無關。後來，沒有再看到老王。

　　另一椿騙局，就是前面說的，由女主人替全家辦移民的這位甲女士，她是胖胖的身材，操上海口音，從前應該是在中央……再說下去，謎底就揭穿了。

　　甲女士移民以後常常回台灣，總是擺出華僑的姿態，說她自己運氣很好，到美國不久，就找到銀行的工作，而且年薪是美金五萬。

　　我太太因為有個part time的工作，有機會碰到他們夫婦，我太太有些納悶，回家跟我提過，為甚麼在銀行工作的人，可以常常跑回台灣，而且一待就一個多月。

一次，我太太問起這位先生：

「你太太在美國的銀行工作，是甚麼銀行？」

「就像台灣的中央銀行，她是跟她的工作伙伴一起來遠東區來查賬的，有時要到日本，有時到菲律賓、香港、新加坡……」甲女士的先生說。

查完賬又回美國去了，過三兩個月又回來，大概又是查賬，我太太也習慣了，沒有再提這些事。

我太太的另一位同事乙女士，平常做些股票，她和甲女士見了面就談股票，兩人的關係立刻很熱絡起來，互相輸送所謂好股票的名牌，關係越來越密切，兩個人有時關起門來悄悄的商議。

大約過了一年多，事情暴發出來，甲女士不大回來了，乙女士愁眉苦臉，見人就訴苦，原來她有一大筆錢在甲女士那裡，弄不回來了。

錢怎麼會到甲女士手裡去的？乙女說，甲女告訴她，有一個賺高利的機會，不要好久，連本帶利可以翻兩翻，賺錢比股票還快，如果她願意，請她把股票賣掉，把錢拿來賺高利，最多三兩個月，錢就回來了，賺了錢，她還可以再去買股票。（甲女叮嚀乙女，這是祕

密行事，不要說出去。）

　　乙女信以為真，把股票賣了，變成新台幣，覺得不夠多，又去向親友吸金，湊成相當的數目，交給甲女士。錢是分兩次交給甲女，甲女則寫了兩張收據給乙女士。開始時給了一些利息，兩三個月過去了，等呀等，半年也過去了，甲女士沒有再出現。電話打到美國去，電話也換了。乙女士才知道上當了。可憐乙女士，幾百萬新台幣變成兩張收據廢紙，自己的錢要不回來，還被親友追討，精神就要崩潰了。她拿甲女寫的收據給我太太看，收據上寫的是，茲收到乙女士某某交來新台幣若干，此據，經手人甲某某。收據上沒說這是甚麼錢，沒有說歸還日期，也沒提到利息的事。

　　兩張收據上的數目加起來，大約新台幣六百萬左右。乙女士三十年的薪水，可能還賺不到這個數目。金光黨都是利用人性的貪，才騙得到錢。

　　從這兩樁騙局看起來，一葉可以知秋，五、六十歲的人，移民美國，日子不是那麼好過。

駐台美軍華籍僱員「末代移民」

　　去在台協會辦手續很繁瑣，遇到受聘的華籍僱員，態度很壞，申辦者排隊也不是很規矩。

　　大約經過兩年，我的簽証就要出來了。其中在台協會有找過麻煩，雖然我的資料已很齊全，但是還要有美國公司行號的聘書，這真是官樣文章，我不知道第一批申辦的人到哪裡去找聘書？剛好張當振在Ohio開餐館，我跟他一說，他就寄餐館經理的聘書給我。涂國華說，如果餐館的聘書不行，請呂福平開聘書給我也可以。我的移民是這幾位熱心的朋友促成的，我特別在此感謝。

　　臨走之前，我去和自立兄辭行，他無論如何要送兩萬元給我買機票。自立兄和我是同鄉，也是我在河南洛中的學長，抗戰時期我們有緣，一起逃難到西安、重慶、南京、上海，又一起到台灣，後來他官拜情報局中將副局長，當時正是江南案子暴發，與他無關，可見自立兄為人處事大有原則。自立兄退職後，任正聲廣播公司董事長，他常自嘲說，「我是不懂事的董事長。」而

我的最高階級是陸軍少尉，如今我是兩袖清風，一身枯骨。李總統的名言「諸法皆空，自由自在」，對我這樣「坐七望八的老朽」來說，再貼切不過了。

我在美軍單位總共服務了二十五年，也可能是圈內合乎移民條件中的最後一個移民者，後來知道，工作年資滿十五年半以上的，才可以申請，我比那些先辦妥的人，差不多晚了九年才辦成。有朋友說，老黨也來了，我們再來爭取退休金看看。有人和我提過，也有人去探聽律師，某律師說，如果進行爭取，可能會有希望。那是律師說的，他恐怕是指律師賺點律師費很有希望吧？今天我們已經不是當年的身份，大勢已去了，美國政府還到處向人民伸手要錢呢？做這種春秋大夢的人，當心掉進不肖律師的陷阱。

我來美國，機票是自立兄買的，我沒花幾塊錢，就飛來洛杉磯，涂國華來接機，他接我去住他家，一住就住好幾個月，給涂太太增加好多麻煩。

在美國，我找到的第一份工作，是在巴士上遇見一位陌生的白人，他給我找的。他的名字叫Richard，我跟他聊天，他知道我是新移民，正在找工作，他立刻把

我推荐給他的老闆，第二天老闆就叫我去上班。這是一家賣海產的食品公司，老闆給我的任務是，看電話簿上的號碼向華人餐館推銷蝦子，但是，中國餐館只用帶殼的生蝦，不用去殼熟蝦，我甚至打電話到Ohio找開餐館的張當振，他的回答也是只用冷凍帶殼生蝦。我打電話打了一個月，沒有賣成一隻蝦子，洋老闆照樣付給我一個月薪水。張當振很熱心，一直邀我去他餐館幫忙，我回台灣，帶太太一起去。Ohio夏天很熱，冬天下雪到膝蓋，我太太怕不能適應那種氣候，我們夫婦又來到加州。

在南加，我換了很多工作，許先生是我所遇見的最好的一位華人老闆，不是他多付錢給我，而是他懂得尊重人。他們夫婦把我當長輩來看待，經濟不景氣，生意不好做，他即使給我減薪，我都願意為他服務。

我們四個孩子當中的三個，在1990年移民來美，他們多是在台灣接受教育，男孩服完兵役。來了之後，一面進修，一面工作。磨練六年，女兒當上電視卡通影片導演，並於99年獲動畫導演艾美獎獎盃一座，她說，這是獻給爸媽辛苦一生的禮物。兩個小的兒子，從事電腦

網路工作。他們都知道，華人在美國，要加倍努力。只要肯努力，雖然比人家晚來，還是有機會。大兒子留在台灣工作，也經常出國，不久前他和媳婦一起來美探親，順道參加洛杉磯國際馬拉松賽跑，我們全家開到現場為他們夫婦加油，看到這樣大場面的體育活動，我們全家都很興奮。

　　孩子們各自獨立，老妻臨老學習電腦寫作，我們兩老，還可以說說寫寫，鬥鬥嘴。我在這裡，向關心我們的朋友們報平安，也向大家寄上我們由衷的祝福。

　　有些華人，丟不開中國人壞習慣的包袱，他比你早來一天，他就是老僑，老僑欺負新僑，順理成章。許多華人，好像只認識「分」字，不認識「合」字，因此再好的事情，在華人社會中，常常找不到著力點，真是很可惜。

　　我到現在還有事情要建議，中國人若是永遠要內鬥，二十一世紀的好日子，捧在中國人手上，也不會太久；美國人要是能夠撤底的放棄優越感，美國一定更強大；日本人也可以不做壞事，「多行不義，必自斃。」

　　我不後悔我為我的朋友們所付出的一切。對我的家

人，我是問心有愧。我太太跟著我，沒有享受，只有擔驚受累。我的際遇，我太太形容說，不是犯桃花，而是犯小人。（包括大有為政府中的侏儒機構。）她在我旁邊看到的小人很多，有時候無聊，就來做分類遊戲。她說，小人最厲害的一點，就是臉皮厚，臉皮不厚，不成小人。她說，大致上，小人可分三類：第一類、自私自利，一毛不拔，得了便宜，沾沾自喜。第二類、遇事先推，這不干我的事，有便宜，我來撿，得了便宜，還賣乖。第三類、知道你有甚麼，他想不勞而獲，先把你利用，再出賣你，陷害你。一個人，一旦被小人咬到，比被狗咬更難脫身。（正人君子的事蹟也寫了，更是衷心銘記，有以效之。）

我吃洋飯的經過，不消我多說，老妻如數家珍，她想用四句話來做本文的結尾，我欣然同意。這四句話是：

傷己利人洋飯碗，廿（念）載青春春逝水，洋兵洋將好應對，最是難纏自家人。

（台灣日報「美洲副刊」連載刊出。）

後記：台灣的奇蹟

（作者寫於美國加州）

　　台灣這個小島，數十年生活在其中，小島上發生了許多偉大的奇蹟。

　　經過「白色恐怖」（威權時代）的整肅，而還能存活下來的，是奇蹟；八二三炮戰（1958年中共炮轟金門），沒有被打垮，是奇蹟；成就亞洲經濟四小龍之一，是奇蹟；總統、副總統替人民擋了子彈（3.19.2004），因而連選連任更是奇蹟；美軍駐台期間（1950-1977），島內島外陸續聘僱一萬五千餘員華籍員工，任由無能、竊取公物而又登龍有術的頭頭來「領導」也是一項奇蹟。

　　國際間的交流（外事或涉外）如若一方高姿態，一方是軟腳蝦，請問要到哪裡去尋找公平？

　　史書浩瀚，會記載這麼小或這麼大的事情嗎？

　　史失求諸野，相信官方至今尚缺此類（洋務）記載，個人所經歷的真實記述，就算是野人獻曝吧。

附　篇

謹隨附個人文件檔案影本

印證本書敘寫情節之真實

MGAR-80AT   12 Jan 54

SUBJECT: Letter of Commendation

TO   : Dang Shing-jen

THRU   : Chief, Foreign Affairs Service Department
          CSF, Taipei Formosa

    1. Upon the occasion of your transfer to the Interpreters' School in Taipei, I wish to express my appreciation for the excellent work you have performed while a member of the Laison Section of this Training Group.

    2. Your loyalty, patience and diligence have produced excellent results in the most difficult of tasks. During the year and a half you have been assigned to this unit you have constantly strived to improve your knowledge not only of the English language but also in the military fields.

    3. Your untiring efforts have materially aided this MAAG Team in the accomplishment of its mission.

DAVID W. SISCO
Major   Inf
Chief

■1954年，美軍顧問團派駐八十軍首席顧問席斯科少校獎勵函，英
　文原函。

130

台灣美軍顧問團 80軍副隊小組
APO 63
1954年1月12日

文件編號：MGAR-BOAT

事由：獎勵函

受文者：竇醒煥

副本抄送：台北聯合勤務司令部外事處長

1. 台端革命軍副駐台北聯勤官副隊站生員，非常熟悉這個社會向情表示滿意。你在美軍顧問團八十軍副隊小組連絡部所政擔任的工作極為優異。

2. 你的誠懇，而耐性，和勤奮在我團派的工作中獲致優異的效果。從你派來本組工作一事事的時段程你一直不斷地在力事上進，不但在英文方面有進步，而且也在軍事方面也有所進進。

3. 你的驚人工作精神，使美軍顧問團在八十軍的副隊工作完成了應有的任務。

席斯科少校
八十軍首席顧問

■1954年，美軍顧問團派駐八十軍首席顧問席斯科少校獎勵函，中文翻譯。

SUBJECT: Letter of Commendation   12 Jan 54

TO   : Whom it May Concern

    I have known Mr. Tang Shing-jan for approximately 4 months during
that time he has certainly done his job very well. He is very diligent
and courteous in all that he does. I have observed him very carefully in
all the translations that he has done. This man works hard each day to
better himself for bigger and better jobs. He is certainly a credit to
the Chinese people as an interpreter between MAAG and the Chinese soldiers.

    He has certainly been a good Signal Interpreter and Advisor. I
say that it has been a pleasure and privilege working with him. Thanks
for a job well done.

                              Sydney B. Hunter
                              SYDNEY B. HUNTER
                              M/Sgt Signal Advisor
                              U.S. Army

■1954年，美國陸軍通信專業顧問，杭特上士獎勵函，英文原函。

奖励函

1954年1月12日

事由：奖励函
发文者：章醒生先生

我認識章醒生先生到四個月，在這四個月期間，他把工作都作得非常的好。他無論作甚麼事情都非常勤勉而有扎獨。我非常小心的注意他對我工作的各種翻譯工作，這個人力求上進來創造他的前途。他是蔣軍顧向團的中國軍隊的編譯官，他更是給中國人民爭光。

他更是一位好的通信翻譯和通信方面的顧向，我同他在一塊更工作，真使我既快些又省事。計都他在工作方面協助我達到良好的效果。

杭特上士
美國陸軍通信顧向

■1954年，美國陸軍通信專業顧問，杭特上士獎勵函，中文翻譯。

MAT-T (MSgt Brown/2275)

Recommendation for Beaver Award Veh. Dispatcher Tang, Hsing Jan
                                        (RANK)   (NAME)

MAT-M (Beaver Program Monitor)

1. I recommend Tang, Hsing Jan   , AFMN   , who is
assigned as Vehicle Dispatcher   in MAT-T, for the BRONZE
BEAVER award for the period 1 July 66 to 30 Apr 67   . This award is
based on the following:

Tang, Hsing Jan   is assigned to Transportation Branch and is re-
commended for Bronze Beaver Pin. Basis of issue is, he was jointly
responsible for a spirit of cooperative relationship, excellence and
professionalism yielding the highest quality workmanship possible to
qualify the 6967th Security Group Transportation Branch for the Com-
mand Transportation Beaver Award for the third quarter FY67. After
such recognition in the first quarter FY67 of outstanding management,
performance and supervision, to be so recognized and awarded this
Coveted Trophy two times in nine months from eleven competetive units
creates a demand for personal recognition of each individual respon-
sible.

EARNIE C. BROWN, MSgt., USAF
NCOIC, Transportation Branch

I (concur) (do not concur because)

Beaver Program Committee Action:

APPROVED_____NOT APPROVED_____PIN/CERTIFICATE
ISSUED _____
            (RECORDER)

■1967年，作者獲美軍運輸單位，海鯉獎得獎人，英文原函。

134

獎勵函

福特理運輸單位 士官長 白朗上士 年勝獎號2275

事由：推舉本單位車輛調派員靈醒忠為本屆海鯉獎候選人.
福特理車輛集團場（海鯉獎提名單位）

　　1. 本人推薦本運輸單位車輛調派員靈醒忠.應為本屆（1986
年7月1日——1967年4月30日）青銅海鯉獎得獎人. 該項獎函茲
根據下列

　　靈醒忠在本運輸單位任職. 職員工作成績優異.應勤表是可觀. 此以
諸作所使美國空軍台台（第6487 安全部隊有卓罩的表現. 應得有利67年度
第三季的海鯉獎. 本獎有林生與其地十一個單位推薦人選. 應員為十
一個單位人選中最優者.

　　　　白朗士官長
　　　運輸軍團場主管

■1967年，作者獲美軍運輸單位，海鯉獎得獎人，中文翻譯。

4th Transportation Element
Sung Shan Air Base Command
Chinese Air Force
Republic of China

(Translation)　　　　20 Feb. 1968

ORIGINATING NO:　(57) Yun Wei 012

TO:　　　　Billy R. Ratledge, Capt. USAF
　　　　　Materiel Officer
　　　　　6987th Scty Gp

EXPLANATION:

1.　ROUIC of 4th Transportation Element, CAF, Sgt Wei reported that your Base Motor Pool dispatcher Tang Hsing-jan offered outstanding service during his duty hours. He is very honest and friendly to all CAF drivers. His command of English help the drivers of this Element to consummate their missions easily and successfully. He is a credit in promoting and strengthening the Sino-American friendship. His remarkable offer is worthy to be rewarded.

2.　On 16th of Feb. 1968, when dispacher Tang Hsing-jan was on his duty hours, there was a commercial jet crashed on tea shrub farm near by Lin Kou. Dispatcher Tang dispatched all needed vehicles immediately to meet all timely need. His quick and efficient service alone made the emergency help turned out a miracle for all the crashed jet plane passengers. His wonderful achievement made all my Element lauded. All the news papers of the next day reported that the spirit of Linkou American soldiers' emergency help really made all we Chinese people deeply moved. Dispatcher Tang Hsing-jan did a important role for his timely proper dispatch of vehicles that day, for which this letter got prepared to extend our highly appreciation and you are cordially and earnestly requested to reward dispatcher Tang for his remarkable achievement.

3.　Information copy sent to Mr. Tang Hsing-jan.

Cho, Lin-wei
Major, CAF
Commander

■1968年，救援CAT班機林口空難獎勵函，英文原函。

中華民國空軍救生指揮部
第四運輸隊

1968年2月20日

檔案號碼: (57) Yun Wei 012
受文者: 美國空軍第6987空運部隊
上尉補給官瑞特基 (Billy R. Ratledge)

事由說明:

1. 本隊支援美空軍部隊之汽車班班長魏師機士官長報告稱:瑞基地汽車集團場車輛調派員賣醒世先生在調派車輛期間之服務精神極為優異而出色。他對本隊支援美軍運輸的所有駕駛人員非常調思而友善。他精通流利的英文俾駕駛班解疑而能夠順分完成各項任務,他是促身自加強中美兩國友誼的一大功臣。他的優異貢獻憲予以嘉獎。

2. 在1968年2月16日,賣員極動的期間,一架民航客機不幸失事墜毀於林口附近的荒郊田野裡。賣員及時調派所有現有車輛前往搶救。他能迅速派去各種緊急搶救車輛,使失事車輛的殘骸很快得到了神速的救援醫療。他那令人望而的救急效果,使全班駕駛女人員讚嘆不已。第二天台北各新聞媒體都大幅報導林口失事人員以緊急救助至難,使中國人民極為感動。車輛調派員賣醒世先生的立即的調派各種急救車輛援救,是最好的重要的表現。為此本隊特備此函向賣員表示崇高的敬意,並希望闊下對賣員的優異成績作適為獎勵。

3. 附本抄送賣醒世先生。

大校卓樹威
中國空軍救生地區指揮部
第四運輸隊隊長

■1968年,救援CAT班機林口空難獎勵函,中文翻譯。

137

EMBASSY OF THE
UNITED STATES OF AMERICA
Taipei, Taiwan

September 2, 1971

Mr. Tang Hsing-jan
78-2, Ting Cheng Road
Hsin Tien
Taipei Hsien, Taiwan
Republic of China

Dear Mr. Tang:

The White House has requested that I express to you
gratitude for the copy of your book "How to Make the
World No More War?" which you sent to President Nixon.
Further, I would like to take this opportunity to add
that the time and thoughtfulness which you devoted to
compiling the material and to writing your book is doubly
admirable.

My personal best wishes.

Sincerely yours,

Edward R. McGivern
Second Secretary

■1971年，美國白宮交駐台大使館轉交感謝函，英文原函。

138

美國駐台灣台北大使館

1971年9月2日

受文者：黃阿查義 先生
地址：中華民國台灣省台北縣 新店市 頂城路 78-2號
事由：謝函

醒查先生大鑒：

　　先生贈送尼可森總統"如何統復天下事"一書已經收到！白宮要我給先生寫信向你表示謝意。先生為了世界和平而化了多大心血寫成功這本大作，對人類事業，真是一種了不起的大德。我個人對你也是無情的佩服，所以也藉這個機會向你表示敬意。

　　衷心敬祝大安。

美德華 K. 李丙文
美國駐台灣大使館二等秘書

■1971年，美國白宮交駐台大使館轉交感謝函，中文翻譯。

139

馬康大使謝函

Taipei, November 23, 1973

Mr. Tang Hsing-jan
No. 9, Lane 96, Section 1
Ankong Road, Hsin Tien
Taipei Hsien

Dear Mr. Tang:

I appreciate your thoughtfulness in sending me
a copy of your booklet on the prevention of war.
No international issue carries a higher priority in
these days.

With good wishes,

Sincerely,

Walter P. McConaughy
Ambassador

■1973年，美國駐華大使，馬康衛謝函，英文原函。

台北

日期: 1973年 11月 23日

受文者: 董顯光先生
地址: 台北縣景美市安康路一段96巷9號
事由: 謝函

董顯光先生大鑒:

　　保障地圖謝您送來的書，能明瞭世界和平，而需此書來防止世界戰爭。防止世界上戰爭一件事足今日人類最重要的問題。

　　　　敬祝大安

　　　　　　　馬康衛
　　　　　美國駐中華民國台灣大使

■1973年，美國駐華大使，馬康衛謝函，中文翻譯。

蓋先生官司答辯書　　　12, Dec. 1968

Subject: Reply to notice of proposed removal dated 5, Dec. '68

To :　Capt. Demetruis A Armenakis

　　1. On November 30 at 0100 and 0600 hours, I was caught sleeping by AP and Chinese MP during my duty hours was true. Sleeping on duty hours should be punished by proper disciplinary action is an action which stands to reason. What was the real reason to cause me sleeping on duty hours as follows:

　　a. I was sick and through proper procedure to ask for sick leave got disapproved (Mr. Chao is a natural witness.) Working with a physically unrecovered body is the very reason to cause sleeping.

　　b. In accordance with the necessity of the power plant there should be two employees working in the same shift. Since Mr. Chao Feng-Shion resigned so far about three months, I got to keep working alone. See, one man working two men's job without any pay raise.

　　c. Working with a sick body, a sick body forced to work two men's job in the same time. I did not die in the office was lucky enough. You want to give me punishment for sleeping which is different from others, because I was working two men's job and sleeping a double sleep, that is why you want to remove me. It seems as though that you made the regulation. Why do you want to do and what are you doing. God will never forgive you.

　　2. As to the situations of power sending as follows:

　　a. On May 23 at 1700 hours comercial power off. Owing to Mr. Chao Feng-Shion was responsible to answer the phone got trouble the understanding of the caller delayed the time, that was no way to say that I did not operate the facilities without proper procedue. I have been working in this power plant more that ten years, there were hundred times of sending power without any trouble. What I say can be proved from the log. According to your story, I am entirely lay man about what I working with. It is you who made false story from nothing.

　　b. According to the agreement between power plant and operations, in case comercial power off, emergency power will be sent to operations for lights immediately. Power for instruments and facilities in operations will be sent by signal of a bell or until wait up to three full minutes. It is sure that on Nov. 27th at 0810, I sent power to pannel homber 4 within two minutes. Pannel number 3 supposed to send out on the third minute. In the very second at the third minute, you made a sudden phone call. In order to make sure everything is safe (may be something wrong in the operations) I must answer your phone first. Since we have the rule to send power at the third minute, why did you made the unnecessary call for. Operator was busy during the moment without power and could not interprete what you say that why delayed 7 minutes. Actually you let me down, but you still try that I was to blame. There are times to send power on time before Nov. 27 in log to prove you lying.

　　3. Information copy goes to:
　　　　CUPO
　　　　TDO

蓋玉紳

Kai, Yu-Sheng

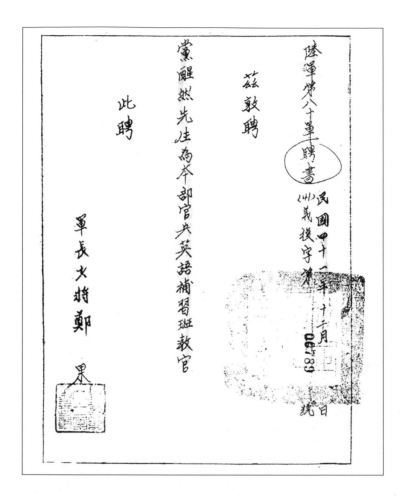

■民國四十一（1952）年，陸軍八十軍軍長鄭果少將，敦聘作者為官、兵英語補習班教官之聘書。

■民國九十三（2004）年，獲陳水扁總統、游錫堃院長頒發「白色恐怖」冤獄，回復名譽證書。

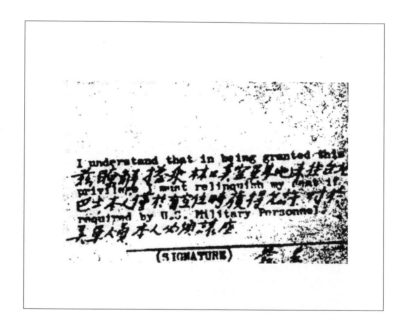

■台北林口，美空軍基地華籍員工認可交通車必須讓座給美軍之簽
　名卡。作者當時拒絕簽名，因此至今保留此卡。

致命的巧合

／王立楨

前幾天趁著搬家的時候，整理了一下這幾年來所蒐集的航空檔案，沒想到這麼一整理，卻讓我發現了一件不可思議的巧合，那就是在台灣近四十年來所發生的三十件民航空難事件中竟有三件（百分之十）是發生在 2 月 16 日，而且都是發生在晚上飛機落地的時候！

第一件意外事件是發生在 1968 年的 2 月 16 日，那天晚上一架民航空運公司（註）的一架波音 727 超級翠華號客機（編號 B－1018 號）在預備降落台北松山機場時，因為飛行員疏忽，誤讀了儀表上的資料導致飛機在林口附近撞地失事，全機 52 位乘客中有 18 位喪生，11 名組員中也有 3 名殉職。

第二件意外事件是在 18 年之後的 1986 年的 2 月 16 日，那天晚上一架編號 B－1870 的華航波音 737 客機在彭湖落地時失事，那架飛機是在降落時發生偏差，飛行員決定重飛時卻失速落海，飛機上連組員及乘客一共 13 人全數罹難。

最後一次發生在 2 月 16 日晚上的意外事件就是去年的華航大園空難，那天是華航的空中巴士（編號 B－1814）在中正機場落地時，因為進場高度過高，飛行員判斷無法安全落地後，在進行重飛時飛機失速墜毀，全機乘客及組員 196 人全部喪生。

工商業的專家們通常在進行專案討論或評鑑時都會用數字及圖表來說明及強調立場，而那些專家們在利用數字來證明他們的立場時，都會強調：「數字是不會騙人的！」在看了以上的資料後，不知道那些專家們會下一些什麼樣的定論？

另外一件檔案中的資料，也是一件很奇怪的巧合，雖然不是發生在 2 月 16 日，但是卻和那架在 1968 年 2 月 16 日失事的民航空運公司的翠華號有關，那是一張民航空運公司在 1967 年下半年所印的機票目錄表，封面是民航公司的標誌，封底是由 1967 年 10 月份開始的 6 個月月曆。

問題就出在這月曆上，那月曆是由 1967 年 10 月開始的，之後是 11 月、12 月、1 月、2 月，照理說 2 月完了之後該是 3 月，但是那個月曆上卻跳過了 3 月及 4 月，直接印上 5 月！而事實上在 2 月 16 日翠華號失事之後，民航空運公司在 3 月及 4 月真的就停掉了所有國際航線！民航公司在印價目表時，一定經過不少單位的審核，這一個錯誤竟能通過那麼多關卡，一直到分送給各個旅行社都沒被發現，難道冥冥中真有天意？

註：民航空運公司（Civil Air Transport，簡稱 CAT），目前 40 歲以下的人大概都沒聽過這家航空公司，那是台灣早期唯一的一家航空公司，是飛虎隊的陳納德將軍所創辦。　◆

■北美世界日報周刊784期（1999/3/28/P15）報導剪報。意外發生在黨先生工作時間內，就近全力與以救援。當時各媒體皆有報導。

附錄：《三字經》中英對照

英譯《三字經》簡介

中華古籍《三字經》，相傳是由宋朝王應麟等多位學者所編纂。全篇1140字。內容概述古代歷史、人文、哲學、科學、倫理、教育……等，包括範圍至為繁富。

主編者使用每三字一句漢語韻文編撰，讀者只需懂得字、句的音、義，即可琅琅上口，在短時間內瞭解中華文化神韻。是研究中國文化入門古籍之一。

今譯者不揣簡陋，謹根據「清版《三字經》」以傳神押韻口語英文翻譯。

因《三字經》牽涉年代久遠，其敘述人物、事物，若以現代 或西方觀點，即使多所註釋，也是事倍功半。權宜方便新世代雙語讀者，譯者採取音譯、意譯兩者兼用；凡屬專有名詞（不宜拆散之人名、地名、書名、年代、古代國名……等）採音譯；敘事方面，又因中、英字數不易三字對等，故採段落意譯（文意接近的句子為

一段落）。譯文因遷就字數、押韻、傳神、詩意，並不刻意挑剔文法。讀者若無師自修，頌讀而已，澈底研究，有其難度，因中國經書易頌難懂也。內文段落所附阿拉伯數字依序，即為此段文字的中、英（文意）互譯。

（《三字經》為早年兒童所必讀，但遭文化革命浩劫，及少數忘本政客無端摧殘，愛我中華，不容坐視，推廣、發揚，共襄盛舉。——譯者黨李版本附誌。）

Santzeching

Brief Introduction of San-Tze-Ching (Chinese Trimetrical Classic)

Traditionally reported that Chinese classic San-Tze-Ching was compiled by Wang-Ying-Lin and others during Sung dynasty. It gives general information about ancient Chinese history, culture, science, philosophy, education, human relationships and so on in 1140 Chinese characters.

Editors did three characters a sentence in Chinese

classic rhymes. Here the translation takes great care of the numbers of the original characters, rhythm, expressive spirit, therefore it goes highly out of the regular English grammar way. This method for the convenience of those who go self-taught loud readers. Those who want thoroughly understanding Chinese classics will have to go deeply extensive research. Readers can read them out fluently by simply knowing the characters in enjoying its spirit as well. It is one of Chinese classics for people who enjoy studying Chinese culture as their hobby.

It is translated according to edition of the Ching Dynasty in equivalently and an expressively daily spoken English.

Since San-Tze-Ching is a prized distant pamphlet in China specially for kids in grade school, there, all necessary sounds and spirit of the original are fully expressed in the translation for readers.

《三字經》中英對照全文

1. 人之初，性本善，性相近，習相遠。苟不教，性乃遷，
   教之道，貴以專。
   Human nature is good at birth. Nature is similar, practice
   makes differ. If failed to teach, it comes to change. Good
   teaching for kids, must do it serious. (human nature)

2. 惜孟母，擇鄰處，子不學，斷機杼。
   Formerly Mentze's mother particularly chose her neighbour.
   Mentze neglected his school work, his mother showed him
   a strike.(family education)

3. 竇燕山，有義方，教五子，名俱揚。
   Touyianshan's way teaching his five kids, made them all
   great success.

4. 養不教，父之過，教不嚴，師之惰。子不學，非所宜，
   幼不學，老何為。
   Kids should be taught, or parent's fault. Half heartedly
   teaching, lazy teachers' warning. Learning is good for all.
   Lazy ones lead to fall. Neglected learning when young, old
   ages told you wrong.

5. 玉不琢，不成器，人不學，不知義。為人子，方少時，
   親師友，習禮儀。
   Uncut jade means no use. Unlearned men know no rights.

Kids when young do courtesy along.

6. 香九齡，能溫席，孝於親，所當執。融四歲，能讓梨，
弟於長，宜先知，首孝弟，次見聞。

Boy Huangsheng (黃香)ages nine, knows keeping parents'
bedding fine.(Onc of filial models) Duties to parents is
gifted. Carry them out timely needed. Boy Kungjueng (孔
融)ages four,knows courtesy to older brother. Juniors cour-
tesy to elder, first to know of all. Love parents first , study
of others next.

7. 知某數，識某文，一而十，十而百，百而千，千而萬。

There comes figures and numbers, one to tens and dozens.
Handreds and thousands on, the millions and billions.(for
basic figures)

8. 三才者，天地人。三光者，日月星。

Heaven, earth and man are the three powers. Sun, moon and
stars are the light source. (United power for universal harmony)

9. 三綱者，君臣義。父子親，夫婦順。

Three duties are clear. Just between superior and inferior.
Dads love their sons and daughters. Husbands love their
half better.(human relationships)

10. 曰春夏，曰秋冬，此四時，運不窮。

Spring, summer, autumn and winter; four seasons go for
ever.(season revolve)

11. 曰南北，曰西東，此四方，應乎中。

North, south, east and west, the center divides them

best.(mention for space)

12. 曰水火，木金土，此五行，本乎數。

Water, fire, wood, metal and earth are five elements. They generate, or destroy according to circumstances.

13. 曰仁義，禮智信，此五常，不容紊。

Compassion, justice, manners, wisdom and sincerity are the five constant virtues. Beware to carry them out to full value.(human relationships)

14. 稻粱菽，麥黍稷，此六穀，人所食。

All grains are good. Their full nutritions make good food.(human main foods)

15. 馬牛羊，雞犬豕，此六畜，人所飼。

Horses, cows, sheeps, chickens, dogs, and hogs are all raised for human needs.

16. 曰喜怒，曰哀懼，愛惡欲，七情具。

Pleasure, anger, sorrow, fear, love, hate and desire are our seven gifted emotions. It is best expressing them in right occasions.(human emotions)

17. 匏土革，木石金，絲與竹，乃八音。

Calabash, earthenware, stretched hides, wood, stone, metal, silkstring and bamboo make eight kinds of lovely music sounds, that help people free from thinking wrongs.(music instruments)

18. 高曾祖，父而身，身而子，子而孫。自子孫，至玄曾，乃九族，人之倫。

The nine generations of a family from the great-great grandfather down wards. It helps one know relationships.(human relationships)

19. 父子恩，夫婦從，兄則友，弟則恭。長幼序，友與朋，君則敬，臣則忠。此十義，人所同。

Ten moral obligations are fathers love children, husband and wife cooperate, old brother friendly, young brother courtesy, precedence between seniors and juniors, honest with friends, tender to inferior, loyal to superior, all based on human good nature clear.

20. 凡訓蒙，須講究，詳訓詁，名句讀，為學者，必有初。小學終，至四書。

Give enough thought to taught. Get all text spirit clear, will feel beautiful. Schooling needs right beginning, there grades and Four Books following.(for education)

21. 論語者，二十篇，群弟子，記善言。孟子者，七篇止，講道德，說仁義。作中庸，子思筆，中不偏，庸不易。作大學，乃曾子，自修齊，至平治。孝經通，四書熟，如六經，始可讀。

Lunyu contains twenty chapters. All Confucian school good words records.Mengtze contains seven chapters urges practicing morals and justices.Tzeshih wrote Chueng Yueng, maintains that sincerity is everything. Tsemgtrze wrote Tashiao, urge people go personal cultivating, family regulating, nation ruling and world peace bringing. After mastered grade course and Four Books, there take the six classics. (Four Books—Analects, Mencius, Golden Mean, Great Learning)

22. 詩書易，禮春秋，號六經，當講求。

Shih, Shu, Yi, Li, Chun Chu are called six classics. They are should be taken seriously. (six classics—the Odes, the Book of History, the Book of Change, the Book of Rites, the Book of Spring and Autumn Annals—famious classics)

23. 有連山，有歸藏，有周易，三易詳。

The Book of Changes is shaped up by based upon books of Lianshan, Kuitseng and Chouyi.

24. 有典謨，有訓誥，有誓命，書之奧。

Six chapters in Book of History contains all official orders on human relationships education, social welfare service, nation ruling and world peace bringing.

25. 我周公，作周禮，著六官，存治體。

Choukung produced Book of Rites and set the system of administration.

26. 大小戴，注禮記，述聖言，禮樂備。

Two scholars named Taiteh(戴德) and Taisheng(戴聖) in Han dynasty gave notes to Book of Rites, fully explained doctrine of sages, spirit of rites and musics.

27. 曰國風，曰雅頌，號四詩，當諷詠。詩既亡，春秋作，寓褒貶，別善惡。

Folksong singing, official criticizing, sacrifice offering, all come from poem singing.As poem gone, Chun Chu started on. It gives criticizing, telling good from bad thing.

28. 三傳者，有公羊，有左氏，有穀梁。

Three kind notes to Chun Chu, they are Kungyang, Ts-aoshih and Kuliang.

29. 經既明，方讀子，撮其要，記其事。五子者，有荀楊，文中子，及老莊。

After mastered classics, starting on the five philosophers. Five of them are Suntze, Yangtze, Wenchungtze, Laotze and Chungtze. Grasp their doctrine spirit, remember their right.(five different philosophers)

30. 經子通，讀諸史，考世系，知終始，自羲農，至黃帝，號三皇，居上世，唐有虞，號二帝，相揖遜，稱盛世，夏有禹，商有湯，周文武，稱三王。

After mastered classics and the philosophers', there came on history. Follow the line. Get all beginning and ending. Fush, Shennung to Huangti were called three ancient emperors. Tangyao and Yushuen worthy rulers, gave their ruling to the worthy. Their public spirit made golden age in China history. Yu of Shia dynasty, Tang of Shang dynasty, Wen and Wu of Chou dynasty all sage kings. They were being regarded three dynasty wonders.(Chinese history)

31. 夏傳子，家天下，四百載，遷夏社。

Dynasty Shia started family ruling. Lasted four hundred years came ending.

32. 湯伐夏，國號商，六百載，至紂亡。

King Tang subjected Shia dynasty, started his Shang dynasty, lasted six hundred years in history.

33. 周武王，始誅紂，八百載，最長久。周轍東，王綱墮，
逞干戈，尚遊說，始春秋，終戰國，五霸強，七雄出。
King Wu killed the evil ruler, keeping the right ruling eight hundred year over. The sovereign came loose after moved to east at Loyang. States fell free for all. Politicians did here and there. This period called Chun Chu. There produced five domineers, succeeded by the ending of seven warring states.

34. 嬴秦氏，始兼并，傳二世，楚漢爭。
Coming Chin conquered the six states. Bad ruling came finished in second generation.

35. 高祖興，漢業建，至孝平，王莽篡。光武興，為東漢，
四百年，終於獻。
Liupang(劉邦) founded Han dynasty. Later on Wangmong(王莽) usurped it, then recovered by Kuangwu, called east Han dynasty. It lasted four hundred years. The ruling was lost by the flop ruler named Shan..

36. 蜀魏吳，爭漢鼎，號三國，迄兩晉。
There came the period of three atates Wei, Shu and Wu fighting for to the chief. Ended before Tsin dynasty.

37. 宋齊繼，梁陳承，為南朝，都金陵。北元魏，分東西，
宇文周，與高齊。
Tsin lasted one hundred years, then splited into south and north dynasty. South contains states of Sung, Chi, Liang

and Chen. North contains states of east Wei, and west Wei.

38. 迨至隋，一土宇，不再傳，失統緒。

There came Yangchian united and founded Sui dynasty. It lasted only thirty eight years.

39. 唐高祖，起義師，除隋亂，創國基。二十傳，三百載，梁滅之，國乃改。

Then came up Liyuan and built Tang dynasty lasted three hundred years.

40. 梁唐晉，及漢周，稱五代，皆有由。

There came Chutsuanchung (朱全忠)destroyed Tang dynasty, founded Wutai dynasty lasted fifty two years.

41. 炎宋興，受周禪，十八傳，南北混，遼與金，皆稱帝，元滅金，絕宋世。

Chaokungyin(趙匡胤) destroyed Wutai dynasty, founded Sung dynasty, lasted eighteen generations. There came Mongolian Hubilieh(忽.必烈) destroyed Sung dynasty, built Yuan dynasty, added much larger territory to China, lasted the ruling ninety years.

42. 蒞中國，兼戎狄，九十年，國祚廢，太祖興，國大明，號洪武，都金陵。迨成祖，遷燕京，十七世，至崇禎，權閹肆，寇如林，至李闖，神器焚。

Chuyuanchang (朱元璋)came up destroyed Yuan dynasty, built Ming dynasty, lasted two hundred seventy seven years. Finally caused the dynasty fall by eunuch evil ruling in 1644.

43. 清太祖，膺景命，靖四方，克大定，廿一史，全在茲，
載治亂，知興衰。

Manchu conquered China in the year of 1644. It built the
Ching dynasty and brought national peace and a large ter-
ritory to China, lasted two hundred sixty eight years ruling.
All the details about the causes of nation rise and fall shown
clearly in records of the Chinese history.

44. 讀史書，考實錄，通古今，若親目。

Study of history with reference of records would make one
understand the facts in person.(all above Chinese history)

45. 口而誦，心而維，朝於斯，夕於斯。

Mouth reading loudly, brain thinking secreatly, conti-
uneously and seriously.

46. 昔仲尼，師項橐，古聖賢，尚勤學。

Formerly Confucious learned from an aged seven gifted
child Shangto,. Such a sage yet still kept his learning so se-
riously.

47. 趙中令，讀魯論，彼既仕，學且勤。

Chaopu was a premier in Sung dynasty, yet still kept his
learning seriously on Confucious doctrine.

48. 彼蒲編，削竹簡，彼無書，且知勉。

Luwenshu(路溫舒) was a sheep boy in west Han dynasty.
He copied words on a kind of rush leaves satisfying his
hungry for knowledge during his desperate poor. Kung Sun
hung (公孫弘)copied his words on bamboo slips. Both

boys finally became famous.

49. 頭懸梁，錐刺股，彼不教，自勤苦。

Sunching(孫敬) in Tsin(晉) dynasty and Suchin(蘇秦) in Warring States period both had their strong will special way of keeping learning by heart.

50. 如囊螢，如映雪，家雖貧，學不輟。

Poor boy Chein(車胤) in Tsin dynasty collected light from fireflies keep his studying. Sunkung (孫康)utilizing light reflected from snow for studying unyieldingly.

51. 如負薪，如掛角，身雖勞，猶苦卓。

Fire wood cutting boy Chumachen(朱買臣) in Han dynasty reciting his study while carrying firewood on errands. Cowboy Limi(李密) in Tsin dynasty hanging his book on cow horn. Their strong will for studying is admirable.(all mean sages learning diligently)

52. 蘇老泉，二十七，始發憤，讀書籍，彼既老，猶悔遲，爾小生，宜早思。

Sulaochian in Sung dynasty sorry for beginning his will to study at age twenty seven. All you youth really should take up an early planning.(mean famous poet Sutungpo)(蘇東坡)

53. 若梁灝，八十二，對大廷，魁多士，彼既成，眾稱異，爾小生，宜立志。

Lianghao in Sung dynasty won his highest national graduate at age eighty two. Everyone regard him as a wonder. All you youth should make up an early ambition.

54. 瑩八歲，能詠詩，泌七歲，能賦棋，彼穎悟，人稱奇，
爾幼學，當效之。

Boy Tsuying in Wutai dynasty can poem at age eight. Boy
Limi can verse at age seven. Their miracle clever a really
young model.

55. 蔡文姬，能辨琴，謝道韞，能詠吟，彼女子，且聰敏，
爾男子，當自警。

Little girl Tsaiwenchi in Han dynasty can judge lute tune.
Another girl Shiehtaoyuen in Tsin dynasty can poem at
once. Those little girls quick and clever. (two little gifted
girls)Young boys should be careful.

56. 唐劉晏，方七歲，舉神童，作正字，彼雖幼，身已仕，
爾幼學，勉而致，有為者，亦若是。

Boy Liuyian aged seven in Tang dynasty was recommended
gifted child and hired in office as a proof-reader. Young
ones' good example. Will makes your way.

57. 犬守夜，雞司晨，苟不學，曷為人。蠶吐絲，蜂釀蜜，
人不學，不如物。

Dogs watch at night. Cocks telling the dawn. Silkworms
make silk. Bees make honey. Persons no will to learn be-
come lower than anything.

58. 幼而學，壯而行，上致君，下澤民，揚名聲，顯父母，
光於前，裕於後。

Study when young. Practise when grown up. Doing good

in service. Making benefits for people. Earning your good
reputation, parents will be honoured by then.(success and
honour)

59. 人遺子，金滿籯，我教子，惟一經。

People left much money for children. I did my kids with
good doctrine.

60. 勤有功，戲無益，戒之哉，宜勉力。

Hard work makes success. Loose life ruins oneself. Most
important to remember! Success lies on your will!

參考資料

1. 三字經易解（章炳麟增訂本）
2. 四書新譯讀本（台北三民書局）
3. 三字經──小學生必讀（浙江少年兒童出版社）
4. 麥氏漢英大辭典（台北文化圖書公司）
5. 大陸簡明英漢辭典（台北大陸書店）
6. College Dictionary(published in U.S.A.)
7. Handbook Of American Idioms (Mei Ya publications,
   INC.Taipei Taiwan)
8. 「大陸尋奇」影諜
9. 辭源
註：英文專有名詞必要時可轉換成漢語拼音。（早期台、
   美使用類似羅馬拼音）

國家圖書館出版品預行編目

龍套春秋：生平憶述 / 黨醒然口述；李麗申

撰寫. -- 一版. -- 臺北市：秀威資訊科技，

2005[民 94]

面； 公分. -- (語言文學類；PG0040)

ISBN 978-986-7614-90-2(平裝)

1. 黨醒然 - 傳記

782.886　　　　　　　　　　94000793

 語言文學類　PG0040

龍套春秋

作　　者 / 黨醒然口述　李麗申撰寫
發 行 人 / 宋政坤
執行編輯 / 李坤城
圖文排版 / 張慧雯
封面設計 / 莊芯媚
數位轉譯 / 徐真玉　沈裕閔
圖書銷售 / 林怡君
法律顧問 / 毛國樑　律師
出版印製 / 秀威資訊科技股份有限公司
　　　　　台北市內湖區瑞光路 583 巷 25 號 1 樓
　　　　　電話：02-2657-9211　　　傳真：02-2657-9106
　　　　　E-mail：service@showwe.com.tw
經 銷 商 / 紅螞蟻圖書有限公司
　　　　　台北市內湖區舊宗路二段 121 巷 28、32 號 4 樓
　　　　　電話：02-2795-3656　　　傳真：02-2795-4100
　　　　　http://www.e-redant.com

2006 年 3 月 BOD 一版
定價：180 元

讀 者 回 函 卡

感謝您購買本書，為提升服務品質，煩請填寫以下問卷，收到您的寶貴意見後，我們會仔細收藏記錄並回贈紀念品，謝謝！

1.您購買的書名：＿＿＿＿＿＿＿＿＿＿＿＿＿＿＿＿＿

2.您從何得知本書的消息？

□網路書店　□部落格　□資料庫搜尋　□書訊　□電子報　□書店

□平面媒體　□ 朋友推薦　□網站推薦 □其他＿＿＿＿＿＿

3.您對本書的評價：(請填代號　1.非常滿意 2.滿意 3.尚可 4.再改進)

封面設計＿＿　版面編排＿＿　內容＿＿　文/譯筆＿＿　價格＿＿

4.讀完書後您覺得：

□很有收獲　□有收獲　□收獲不多　□沒收獲

5.您會推薦本書給朋友嗎？

□會　□不會，為什麼？＿＿＿＿＿＿＿＿＿＿＿＿＿＿＿

6.其他寶貴的意見：＿＿＿＿＿＿＿＿＿＿＿＿＿＿＿＿＿

＿＿＿＿＿＿＿＿＿＿＿＿＿＿＿＿＿＿＿＿＿＿＿＿＿＿＿

＿＿＿＿＿＿＿＿＿＿＿＿＿＿＿＿＿＿＿＿＿＿＿＿＿＿＿

＿＿＿＿＿＿＿＿＿＿＿＿＿＿＿＿＿＿＿＿＿＿＿＿＿＿＿

讀者基本資料

姓名：＿＿＿＿＿＿＿＿＿　年齡：＿＿＿　性別：□女 □男

聯絡電話：＿＿＿＿＿＿＿　E-mail：＿＿＿＿＿＿＿＿＿

地址：＿＿＿＿＿＿＿＿＿＿＿＿＿＿＿＿＿＿＿＿＿＿＿＿

學歷：□高中(含)以下　□高中　□專科學校　□大學

□研究所(含)以上 □其他＿＿＿＿＿＿＿＿

職業：□製造業 □金融業 □資訊業 □軍警 □傳播業 □自由業

□服務業 □公務員 □教職　□學生 □其他＿＿＿＿＿

秀威與 BOD

BOD（Books On Demand）是數位出版的大趨勢，秀威資訊率先運用 POD 數位印刷設備來生產書籍，並提供作者全程數位出版服務，致使書籍產銷零庫存，知識傳承不絕版，目前已開闢以下書系：

一、BOD 學術著作—專業論述的閱讀延伸
二、BOD 個人著作—分享生命的心路歷程
三、BOD 旅遊著作—個人深度旅遊文學創作
四、BOD 大陸學者—大陸專業學者學術出版
五、POD 獨家經銷—數位產製的代發行書籍

BOD 秀威網路書店：www.showwe.com.tw
政府出版品網路書店：www.govbooks.com.tw

　　永不絕版的故事・自己寫・永不休止的音符・自己唱